大阪で家を建てるなら

家の性能が家族の「命」「健康」「財産」を守る

池田　泰弘

「家族思ひの納得住宅研究所」

これは私がＧハウスにつけた屋号です。

住宅業界一筋で生きてきた私にとって住宅とは

〝家族を守り、快適に健康的に

人生を過ごすための大切な器〟

だと考えています。

はじめに

この本を手にしていただき、ありがとうございます。

なぜ私がこの本を執筆させていただいたのか……その理由についてご説明させていただきますので、しばしお付き合いください。


私は、人生において一番大切なものは家族であり、家族間の思いやりだと思っています。これをお読みになっているあなたも思い起こしてみてください。

「今までの人生で一番楽しかったことは何ですか？」

おそらく、そこには家族の存在があったのではないでしょうか？　父や母、兄や弟、姉や妹との会話や体験ではなかったでしょうか？　そんな大切な家族の交流を育む場＝マイホームだと考えています。そして、自分以外の人を思いやるとき、それはその人の命であり、健康ではないでしょうか？　さらに付け加えると資本主義の日本においては、お金（財産）も必要条件の一つであろうと考えます。

我社の社名GハウスのGとはどんな意味ですか？　と質問されることがあるので、この場を借りてその由来を説明させていただきます。

Gハウスの「G」は英語の「ガード（Guard）」（守る）を由来としています。家族の命、健康、財産を守れる家づくりをしていくために、私の代で「池田綜合建設」から「Gハウス」に社名変更しました。

もう一つは「現場」「現物」「現実」主義を大事にしていきたいという思いも込められています。「家」は工業製品ではありません。職人が現場で造りあげていくものなのです。ですから、良い家づくりをするためには「現場」がとても大事なのです。ところが、長年施主さんと接していて感じることは、「施主さんが表面的な傷とか目に見えるところばかり気にされる」という率直な感想です。そうではなく、目に見えないところこそが家づくりにおいてとても重要なのです。

これからお読みいただく本文には、それらの重要性を是非あなたにご理解いただきたく、これまでの家づくりの経験に基づく情報をできる限りわかりやすく盛り込ませていただきました。

私は、これから家づくりを始められる方々に家づくりにおける正しい知識と方法を500回以上に及ぶセミナー・勉強会を通してこれら有用な情報を提供させていただいております。

そこで私が強く感じるのは、一般消費者の方があまりにも表面的かつ単面的な視点と乏しい知識で「家づくり」を始められていることです。さらに、肝心要の部分を理解せずに、あるいは見逃したまま「家づくり」を行っているということです。

人生で一番高価と言われるほど家づくりは高い買い物です。普段買い物をされる際には「価格」と「品質」を見比べながら購入されていると思うのですが、こと「家づくり」に関しては、その品質（性能）を正しく知らずして購入を決めている方が多いことに驚かされます。

これから夢のマイホームを手に入れようとお考えのあなた、ぜひこの本を最後までお読みいただき、家の品質（性能）をはじめ、家づくりの正しい手順と考え方をきちんと理解したうえで、ご家族の命、健康財産を守れる家づくりをしていただけるようになってもらえたら、私としてもこの上なく幸甚です。

池田　泰弘

【目次】

第2章　私の家づくりを形成しているもの

第3章　あなたの家づくりを成功させるために

第4章　家づくりを成功させた方々の実例

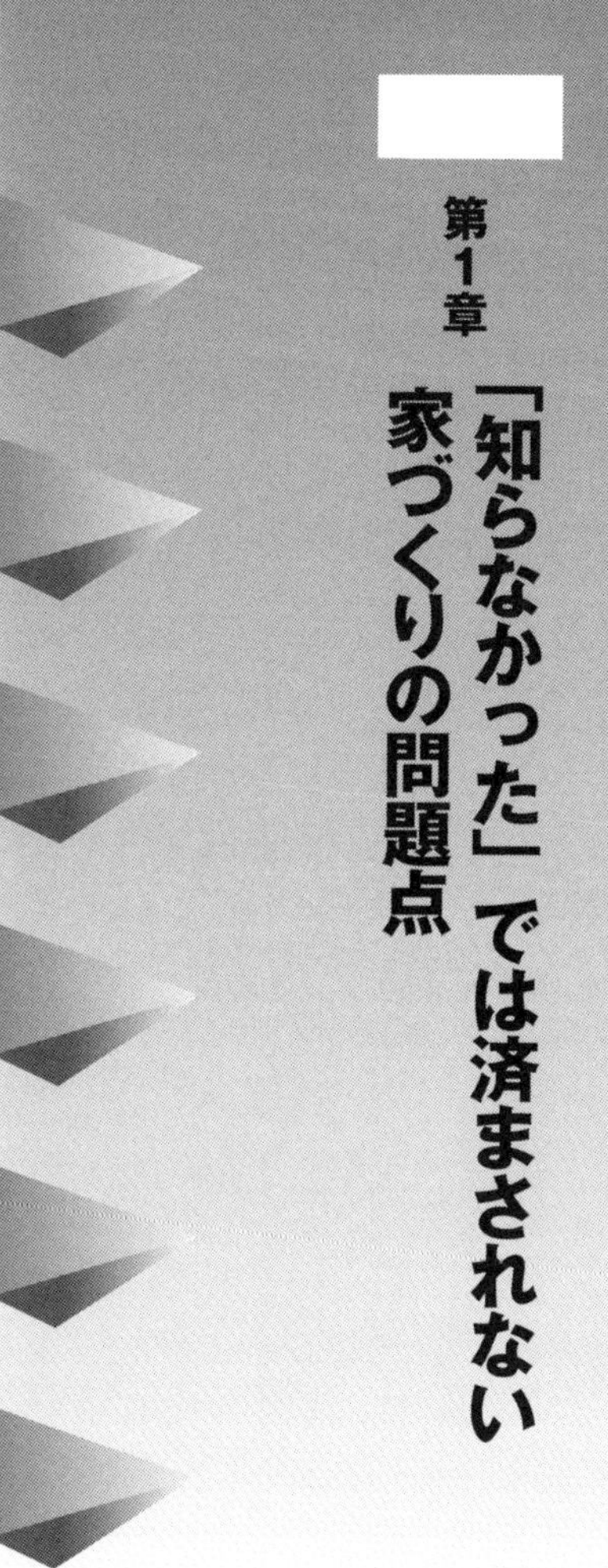

第1章

「知らなかった」では済まされない家づくりの問題点

今、この本を手に取られているあなたは、

「そろそろマイホームを」

「同年代の周りがマイホームを建てている」

「子どもも大きくなってきたし、今の賃貸では手狭になってきた」

などさまざまな理由はあるでしょうが『マイホーム』というものを身近なものとして考えられていることでしょう。


しかし、マイホームという大きな夢への期待と同じくらい、いや、それ以上に不安や疑問を抱いているのではないでしょうか。

それも当然と言えば当然。マイホームといえば大きな家電製品や自動車とは違い、一生にあるかないかの大きな買い物といえます。そんな大きな買い物ですから、楽しみや期待よりも不安や疑問の方が大きいのは当たり前のことなのです。

私は大阪の工務店として長きに渡り家づくりに携わってきました。その経験からあなたの夢であるマイホームを決して後悔することのないよう予めあらゆる面からアドバイスをさせていただき、あなたの家づくりに役立てていただけるようこの本にまとめました。

家づくりにおいては、「知らなかった」では済まされないことがいっぱいあるのです。

あなたの家づくりが成功するために、家づくりにおける問題点や注意点、要所要所の解決法を包み隠さずお話させていただきますので、ぜひ最後までお読みになりお役立てください。

業界全体に蔓延する問題点

マスコミに出ない家づくりの悲劇

少々専門的なことなのですが、とても大事なことなので紹介させていただきます。

あなたはEディフェンス（E-Defense）という施設をご存知でしょうか？　多くの方はご存じないと思いますので簡単に説明しておきます。

Eディフェンスとは、国立研究開発法人防災科学技術研究所が所管する、大型構造物の震動破壊実験を行う大規模実験施設（実物大三次元震動破壊実験施設）です。1995年（平成7年）に起きた阪神・淡路大震災を契機に、地震災害の軽減を目指す総合的な研究を行う研究拠点として、実物大の構造物を実際に破壊に至るまで震動させて、その過程を科学的に分析・記録し、「壊れない構造物」の設計を目的として設立された世界最大の耐震実験施設です。

そしてもう一つ。建物には建築基準法によって定められた耐震等級というものがあります。専門的なことはともかく、阪神淡路大震災、東日本大震災、熊本地震など地震による建物の全壊、半壊災害を経験した日本人にとっては地震に対する強度を示す指標といっていいでしょう。

しかし、ここにちょっとしたカラクリがあるのでその経緯について少し触れておきます。平成7年1月17日に起こった阪神淡路大震災を受け、同年「接合金物の奨励」、平成12年「継手仕口の仕様を特定」などの建築基準法の改正が行われてきました。平成26年の建築基準法改正により、フラット35や省エネ（認定低炭素住宅や長期優良住宅）に関わる基準が変更されたのですが、それまでは長期優良住宅＝耐震等級3の建物という図式が一般的でした。

これは長期優良住宅の認定を受けるために、一番簡単でコストが安くできる方法だったからです。

そのため、いつしか「壁量を満たし、継手仕口に接合金物を多用すればするほど丈夫な家になる」という神話じみた話が生まれ、やがてこれが建築業者の中で当たり前のことのように広まってしまったようです。

ここで言う耐震等級とは、以下のように決められています。

【耐震等級1】
数百年に一度程度発生する地震（震度6強から7程度の阪神淡路大震災相当）による力でも倒壊や崩壊しない強度を持つものを指します。

【耐震等級2】
耐震等級1を基準として、1・25倍の強度を持つものを指します。

【耐震等級3】
耐震等級1を基準として、1・5倍の強度を持つものを指し、現在は最高強度とされています。

ただ、私自身は「継手仕口に接合金物を多用すればするほど丈夫な家になる」という考えには強い疑問を抱いていました。なぜなら、建築の勉強中に「木造は柔構造」と教わったからです。柔構造というのは、地震などの外からの力に対して木材そのものが持っている柔らかさによってその外力を逃がすことで構造体を維持するというものです。

しかし、その木造住宅の耐震性を高めるためにと、接合金物を多用すればするほど本来持っている柔軟性が失われてしまうのではないでしょうか?

ざっとご説明させていただきましたが、ここからご紹介することはこれらを踏まえたうえでご一読ください。

2009年10月27日にEディフェンスで行われた実験で、在来工法三階建て長期優良住宅が、阪神淡路大震災と同程度の震度7で倒壊した事実をご存知でしょうか?

耐震等級1という建築基準法が定める最低強度の在来工法三階建ての建物は倒壊せず、なんと、1.5の耐震強度を持つ耐震等級3の長期優良住宅が倒壊してしまったのです。

この実験結果を知っていた私は、

「明日の朝刊はどえらいことになってるやろなぁ、きっと新聞の第一面に掲載されるやろなぁ」と思っていました。

しかし、翌朝の一面には載っていないばかりか、最後の方のページにほんの少し紹介されているだけでした。しかもその実験に立ち会った偉い方のコメントを見て思わず腹を立ててしまいました。

「確かに長期優良住宅の方が倒壊してしまいましたが、特に問題はなかったと思います」

これについて私の知る限り、テレビ各局が後にも先にも1回だけ報道していたように記憶しています。

もちろんこの実験で耐震等級3の長期優良住宅が倒壊してしまったという事実、さらにこの実験結果について「問題ない」としていることも重要なことなのですが、ここで最も問題視すべき点は、この実験から10年以上も経つのに、倒壊した住宅と同じ考えに基づき建てられている住宅がいまだに売られていることなのです。

2015年4月より長期優良住宅の規定が一部変わりましたが、どのような経緯で規定が変わったのかを正しく知っている人があまりにも少ないことに戸惑いを隠せません。また、何も知らず実際にそのような住宅を買った人は本当にかわいそうだと思います。

確かに、一般の方々からすれば建築法や規定などについて詳しく知っている方などほとんどいないでしょう。だからといって、これを業界内だけのものとして捉えていることも問題視しなければならないことだと思っています。

さらに許せないのは、その実験の結果すらまともに知らない建築業者が多いことです。ホームページなどで、『わが社の住宅は全棟耐震等級3だからとても地震に強い住宅です』と声高に宣伝している在来工法建築業者を見ると、家づくりをする同業者として哀れにも感じてしまいます。

これでは、

「内視鏡での肝臓手術なら安心、確実」

と謳いながら、実際の手術では患者を7人も8人も殺してしまう医者と何ら変わりがありません。

ここまでお読みいただき、Eディフェンスで行われた実験内容やその結果も知らず、単に根拠のない安心を表す耐震等級3を謳う建築業者、手術の成功率やこれまでの手術結果を公表せずに、安心、確実を謳う医師や病院。こんな建築業者や医師や病院……あなたはどう思われますか？　本当に信頼できますか？　あなたの大切な家や身体を任せられますか？　知っている、知らないというこのほんの小さな差があなたの家づくりを夢のマイホームか、悲劇のマイホームか、天と地程に変えてしまうのです。

仮にこの先、阪神淡路や東日本大震災のような大きな災害は起こらないかもしれません。しかし、だからといってこのままでいいのでしょうか。
家づくりの業界における問題ばかりではなく、問題点をクローズアップして一般の方々に事実をお伝えすべき報道やマスコミ自体にも問題がありますし、実験結果を問題なしとして扱う偉い方の根拠も不明です。そしてこの大きな問題に目を向けない同業者、それぞれの責任は大きなものだと思います。

最初から少々難しいお話になりましたが、あなたがこれから手に入れる夢のマイホームは始めに書いた通り一生に一度あるかないかの大きな買い物なのです。そしてほとんどの方々は住宅ローンを使って最長35年にもおよぶ長い年月を費やして支払いをするのです。
そんな大きな買い物だからこそ、あなたご自身やご家族が幸せに暮らすための生活空間だからこそ、少しでもあなたの家づくりのお役に立てていただくよう、こうして事実をお伝えするのです。

業界内に蔓延する問題点はこれだけではありません。

熊本地震でわかった、壁量よりも直下率という数値の重要性

さらに、もう一つあなたが知っておくべきことがあります。

少し考えてみて欲しいのですが、あなたが2階建ての家を建てるとしましょう。LDKは1階に配置しますか？　それとも2階に配置しますか？

もしあなたが、本当に安全な家を望むのであれば、LDKは2階に配置することをお勧めします。

何故かというと、1階に配置するLDKと2階に配置するLDKでは『直下率』に大きな差が出てくるからです。しかも、2階に配置した方が一番長く過ごす居間がとても明るい間取りになるのです。

『直下率』とは、1階と2階が繋がっている柱や耐力壁の割合のことで、構造的なバランスを評価する重要な指標として使われます。

わかりやすく言うと、1階と2階の壁や柱の位置が一致する割合のことを言います。1階の平面図と2階の平面図を重ね合わせた時に、壁や柱が一致する割合ということです。

この直下率が低いと耐震性能に影響が出てきます。

2016年に起こった熊本地震のあと、建築の専門家が被災建物の調査のために現地へ行きました。調査の結果、これまであまり重要視されてこなかった『直下率』の数値が建物の耐震性に大きく影響していることがあらためてわかりました。

この時、さらに衝撃的だったのが2000年基準の1・25倍の強度を持ち、絶対に倒壊しないと思われていた耐震等級2の住宅が倒壊していたことです。

幸いにも倒壊した住宅には地震発生時に在宅しておらず、人的被害は起きませんでしたが、この事実はそもそも人命を守るために定められている建築基準法の根底を揺るがす事例になっています。

その点、元々面で支える構造になっている2×4工法では「直下率」を考慮した設計がなされており、大きな揺れが来た時に破壊されやすい「筋交い」などを採用していないため『地震に強い住宅』であると言えます。

建築基準法の欠陥？　それとも抜け道？

家の設計をする際に、家づくりをされる方のほとんどが口にするご希望があります。

それは、

「なるべくＬＤＫは広くしたいのですが……」

というご希望です。

確かに、ＬＤＫを広くしたいというお気持ちはよくわかります。

しかし、実はここにも問題が隠されているのです。ある部屋（ＬＤＫ）を広くするためには、本来構造的にあるべき壁を取り外すことで広くしているという現実があるのです。

「えぇ～！　そうなの？」

と思われるでしょうが、建築基準法20条4号においてこう規定されています。

『木造においては階数が二以下、面積５００平方メートル以下、高さ13ｍ以下、軒の高さ９ｍ以下の建物については構造計算を不要とする』

つまり、二階建ての木造住宅については構造計算をしなくても、建築基準法違反ではないということなのです。

では、そもそも構造計算とはどのようなものなのか……。

構造計算というのは単に地震に対する家の強度を確かめるだけではなく、屋根の重さや建物自体の重さに耐えられるか、強風に耐えられるか、建物が揺れやすくないか、建物がねじれないか、またねじれや変形にどこまで耐えられるかなどを確かめるものです。これらの強度や耐性は、構造計算によってしか確かめることはできません。

新聞の折込広告などで見かける不動産屋さんのチラシにある建売住宅は、危なっかしい構造の建物をよく見受けます。

だからといって、この建物自体は建築基準法違反ということでもありません。まして、家づくりをするお客様からご要望の多いＬＤＫを広くしたいということも叶えられています。

しかし家をつくる同業者として、

「本当にこれでいいのだろうか？」

という懸念が私の中で消えることがありません。

いくら建築基準法には違反してないから、お客様の要望に応えているからといっても、必ずしもこれらがお客様の住まわれる家の安全・安心ということにはつながらないと感じ、問題視せざるを得ないと考えています。

ただその一方で違う角度からの疑問を持っています。震災のような災害が起こるたびに国は建築基準法を改正します。確かに災害に応じた国の施策ということは理解できるのですが、その都度改正される建築基準法に則った建て方をしたからといって、もしも大きな地震などにより家が潰れてしまっても国はその補償をしてくれるわけではありません。だとしたら、今あなたが考えるべきことは、法的に適合かどうかではなく、地震や自然災害に遭遇してもあなたやご家族がずっと住み続けられる家を建てることではないでしょうか？

かつて私が阪神大震災で目の当たりにした惨状の中にそれはありました。古い家屋だけなく、見るからに新築間もない家が壊れてしまっていたのです。映画でしか見たことのないようなその惨状に私の頭に浮かんだのは、

「住宅ローンを抱えている人は、一体どうなんねんやろ？」

ということです。

とはいえ、このあと生じる新たな住宅費の負担と壊れてしまった住宅ローンの二重苦の中で生活しなければいけないという答えは瞬時にわかっていました。

余談ですが、ニュースなど災害による被害状況を報じるのを聞いたことがあると思います。このときに倒壊件数も報じられるのですが、この倒壊件数とは家が横倒しにひっくり返ったようになったことを指します。ですから、先程の話のように家が大きく壊れて住め

ないような状態であってもこれを倒壊件数に含むことはないのです。

こうしたことは、決して一般のお客様が知ることはありません。しかし、よく考えてみてほしいのです。あなたの知らないところでこれらのことがまかり通っているという事実が存在するのです。決して他人事などではなく、これからマイホームを建てようとするあなたやご家族に降り掛かってくることなので覚えていて損はありません。

情報には〝裏〟がある

２０１５年の時点ですでに、和歌山県および四国の沿岸海抜30ｍ以下の土地にある変化が起きていました。それは、それまでと比べ地価が５分の１ほどになったのです。

「地価が下がったのなら良いことだと思うけど……」

と思う方もいるでしょう。

しかしこれには理由があります。

２０１１年に発生した東日本大震災。あらゆるニュースメディアで連日、災害の報道がなされました。その際に映し出される人間では太刀打ちできないほどの圧倒的な破壊力を持つ津波を見たからです。関西地域は阪神淡路大震災により大きな被害が出ましたが、阪神淡路大震災はある意味都市部での災害でした。これに比べ、東日本大震災の津波は太平洋沿岸地域に津波による大きな被害をもたらしました。

これにより、東日本大震災の津波の映像と今後起こりうると推測される南海トラフ地震の情報とが併さることで、和歌山県および四国の太平洋沿岸地域、それも海抜30m以下の土地に限って地価がそれまでの5分の1と大幅に下がったのです。

実は、阪神淡路大震災後2年程経過した頃、国がある調査をしました。これは被害を受けた地域の地盤強度と震災被害の程度の因果関係についての調査だったのですが、調査の結果、地盤強度と震災被害の程度に綿密な因果関係があることがわかりました。

しかし、残念なことにこの結果に気付いている人は少ないと思います。なぜなら、国はこの結果により地価の混乱を避けるため、積極的な周知を避けたのです。

あなたは、この事実をどのように感じますか？

前項に書いた通り、Eディフェンスでの実験結果や建築基準法の抜け道のような存在、そして地盤強度と被害程度との因果関係。すべてが他人事ではないのです。

これらを踏まえ、現在行われている住宅会社の情報は本当に信用・信頼に値するものなのでしょうか。こうした一般の方ではわかりづらいことの多い家づくりですが、それぞれの情報に実は〝裏〟があることを知っていただきたいのです。

さらに、これから家づくりを考えているあなたにお伝えしたいのは、「本当に地震に強い家を建てたいなら、建物の強度より地盤の強度を注視すること」なのです。

大阪という地域が抱える問題点

土地も、間口も、道路も狭い

全国規模で見れば、やはり大阪は大都市です。大都市特有の人口集中の結果、宅地1区画の面積が狭く、間口（宅地が道路に接する部分の長さ）が狭いことも否めません。しかも、宅地が接する道路の幅も狭い地域が多いのです。

いわゆる狭小地と呼ばれるものです。狭小地の特徴として一区画の土地が狭いだけなく、間口の狭い細長く四角い土地が多いのです。もちろん家づくりのプロとして家を建てることは可能ですが、必ずお施主様には狭小間口で建てるお家の短所もしっかりお伝えすることにしています。

そのほか、このような土地に家を建てる場合、建築基準法で定める「いろいろな建築制限の規定」が否応なくかかわってきます。

つまり建蔽率や容積率、道路車線などによる厳しい条件を全てクリアしたうえでお家を建てなければならないのです。

（1）建蔽率による制限

建蔽率とは下の図のように、土地の面積に対する建物の水平投影面積の割合です。つまり、土地の面積に対して建物の面積がどのくらいの割合になるのかを示すものです。

大阪の一般的な住宅地では概ね60％程度の地域が多いようです。

仮に土地の面積が20坪だとして考えると、建ぺい率を60％とするならば、単純に1階の床面積は12坪広さでしか建てられないという法的制限です。

本来、建て替えを希望されている場合でもこの法的制限が原因で、建て替える

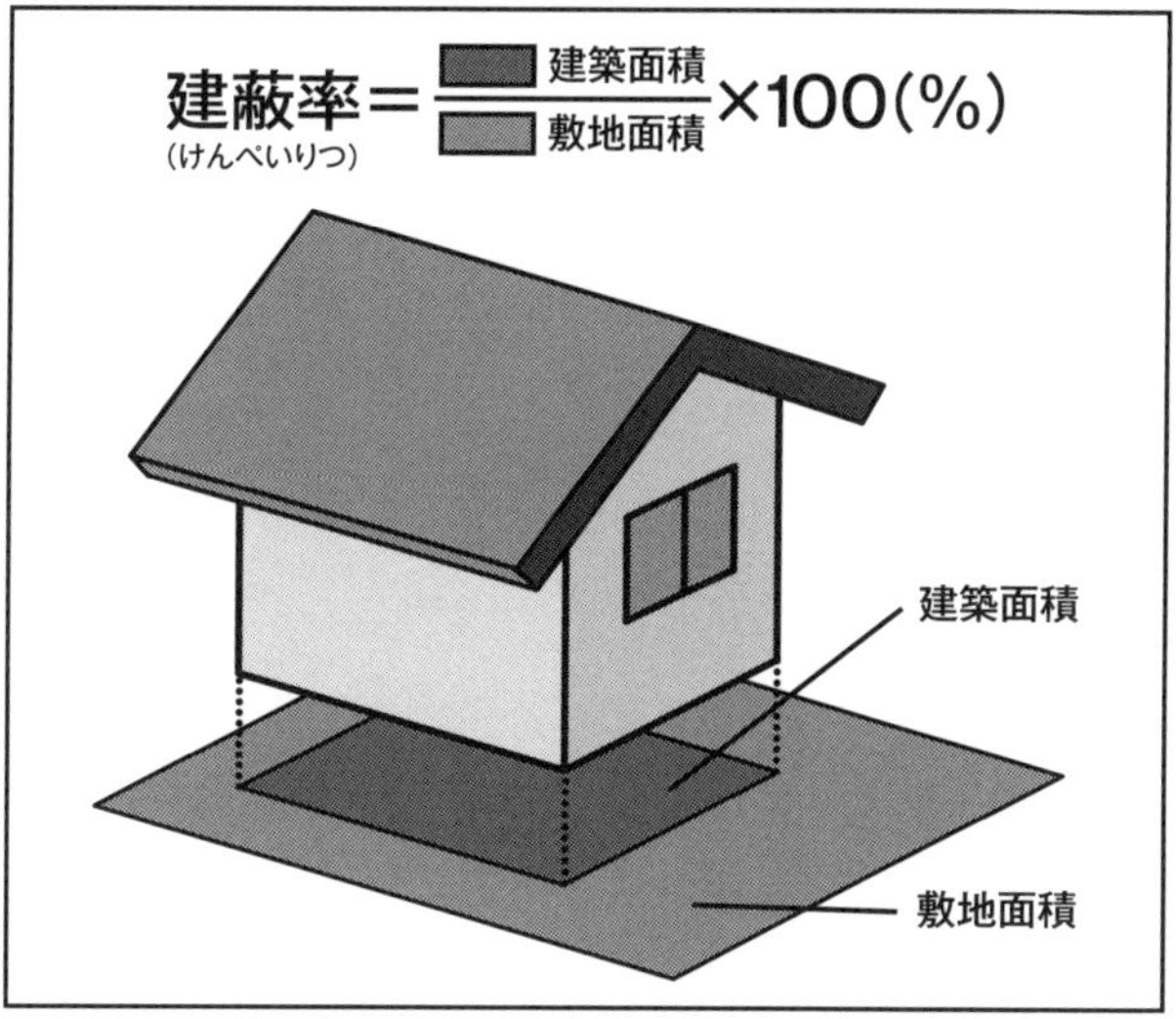

建蔽率（けんぺいりつ）＝建築面積／敷地面積×100（％）

建築面積
敷地面積

べき築年数を経過している家をリノベーションする方もおられます。

要は、建築確認申請をせずに、一部の構造材を残す形でリフォームの体をなし、建蔽率の適用による1階床面積の減少を避けるのです。

確かに、この方法ならそれまでの大きさの床面積を確保できますが、これには大きな問題が潜んでいるのです。

第一に、耐震の要である地盤改良工事ができないのが致命的なデメリットをもたらします。なぜ致命的なのかについては後ほど詳しくご説明させていただきます。

第二に、せっかく大金を投じても担保価値にほとんど貢献しないことが挙げられます。前述現在の金融機関の担保評価制度では、その建物の築年月日に重きが置かれています。前述のような方法でリフォームをしても元々の家の築年月日は何も変わらないからです。

もし、あなたが何らかの事情によって金融機関からお金を借りようと思った場合、いくらリフォームに大金を投じても、その家は担保価値としてはほとんど認められないということなのです。

（2）容積率による制限

容積率とは土地の面積に対する建物の総床面積（各階の床面積を合計したもの）の割合です。

大阪の一般的な住宅地は容積率２００％の地域が多いようです。

仮に土地の面積が20坪だとすると、容積率２００％として考えると、単純に総床面積は40坪までしか建てられないという法的制限です。

これだけではなく、さらに容積率の場合は前面道路の幅員（m）×40または60の数値と、その地域で定められた容積率のどちらか低い方にしなくてはならない規定があります。

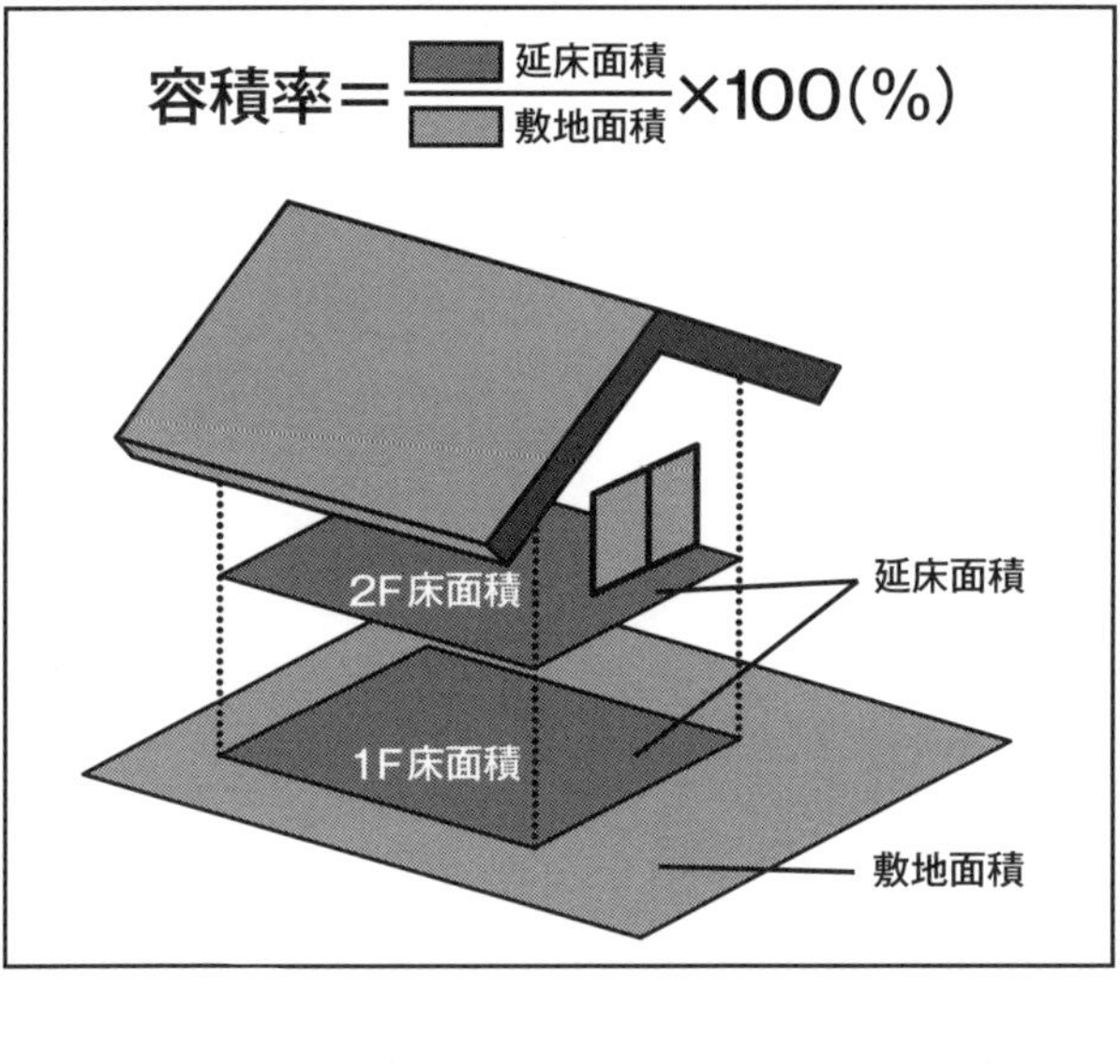

$$容積率 = \frac{延床面積}{敷地面積} \times 100(\%)$$

そのため、前面道路が4mもしくはそれ以下の場合は容積率が160%となり、「土地が狭いのだから、せめて3階建てにすれば少しは広く……」と考えていても、希望する総床面積を確保できない場合があるのです。

(3) 道路斜線による制限

道路斜線とは、その宅地に接する道路の対側（反対側）から一定の勾配で上がってきた斜線に建物が当たってはいけないという制限です。

多くの住宅地の場合、その勾配は1・25／1とされています。何が問題かというと、仮に家の前面道路の幅員が4mの場合、これを計算すると1・25／1×4m＝5メートルとなり、道路ぎりぎり敷地いっぱいの家を建てると2階建てでも斜線に当たってしまいます。

道路ぎりぎりから内側へ後退させて家を建てれば緩和されるのですが、そもそも大阪は土地が狭いため、単に後退させればいいという単純なものではないのです。しかも、土地の大きさによっては後退することすらままならないことがあるのです。2階建てですらこのようなことが起こるのですから、特に3階建ての建物を考えている方はさらに注意が必要です。

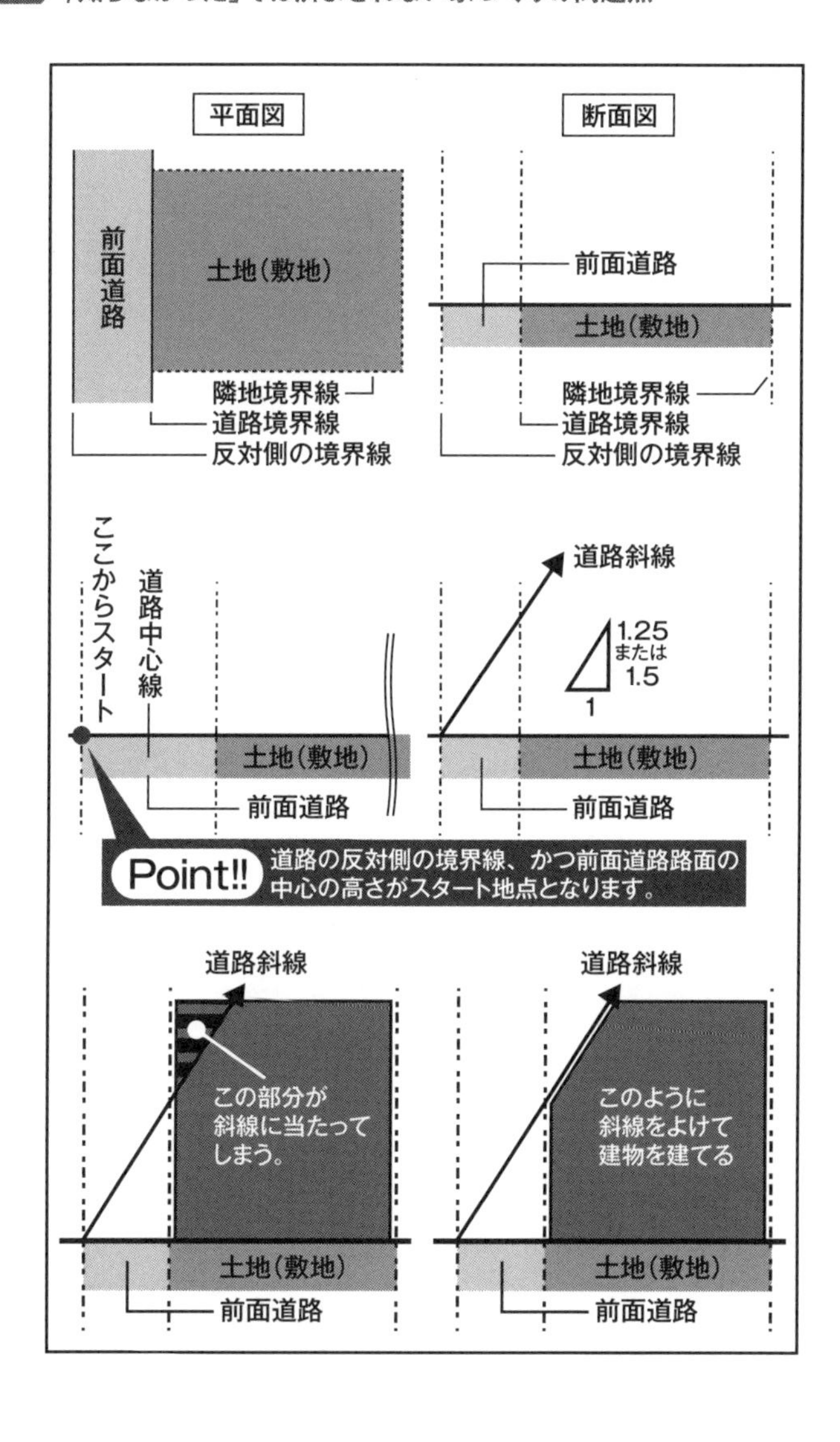
平面図
断面図
前面道路
土地（敷地）
前面道路
土地（敷地）
隣地境界線
道路境界線
反対側の境界線
隣地境界線
道路境界線
反対側の境界線
ここからスタート
道路中心線
土地（敷地）
前面道路
道路斜線
1.25
または
1.5
1
土地（敷地）
前面道路
Point!!
道路の反対側の境界線、かつ前面道路路面の中心の高さがスタート地点となります。
道路斜線
この部分が斜線に当たってしまう。
土地（敷地）
前面道路
道路斜線
このように斜線をよけて建物を建てる
土地（敷地）
前面道路

土地の価格も大阪ならではの問題に

土地や間口、道路が狭いばかりではありません。

土地の価格で考えてみると、東京は本当に土地価格が高いというのはご存知でしょう。しかし、東京を除いた地方都市と比べてみても大阪の土地価格は約2倍といえるほど高いのです。大阪市内の土地価格の相場はおよそ坪あたり80万円から100万円といったところです。これが地方都市なら市内でも坪あたり40万円から60万円ほど、郊外ならば坪あたり20万円から30万円の土地がたくさんあります。

この土地価格の高さは、あなたの家づくりにとても大きな影響を与えます。土地の取得に予算を取られてしまい、あなたが満足できる性能の建物を建てる予算を圧迫します。

例えば、あなたの家づくりの総予算を4000万円だとすると、4000万円から土地代を差し引いた残りで、家を建て、諸費用も支払わなければなりません。仮に30坪の土地を坪80万円で買ったとすると土地代金だけで2400万円かかります。諸費用は通常総予算の1割程度かかりますので、土地代金の2400万円と諸費用の約400万円も引くと、わずか1200万円で家を建てなければいけません。さすがにいくらなんでも1200万円で家を建てるのは無理があると思います。

しかしこれが地方都市の場合だと、30坪の土地を坪40万円で買ったとすると土地代金が1200万円、これに諸費用の約400万円を加算すると1600万円ですので、建物に使える予算が2400万円となり、これならじゅうぶん質の良いお家が建つことでしょう。

ここでよく考えていただきたいのですが、本来あなたの中にある大きな目標や目的は「家族を幸せにすること」ですよね。いくつも方法はあると思いますが、その中から一つの方法として考えておられるのが家づくりなのではないでしょうか。

当然その家は耐久性、安全性、機能性、快適性を満たしたデザイン性の良い住宅であってほしいですよね。しかし、これらの諸条件を満たし質の良い住宅を建てるにはそれに応じたそれなりの予算が必要です。

今お住まいの家の建て替えをされる場合は別として、新たに土地から購入する必要がある方は「大阪の土地価格の高さ」があなたの家づくりに与える影響はとても大きいと言わざるを得ないのです。

これまでたくさんの方々とお話をさせていただいてきましたが、時々、自分が家づくりに使ってもよい総予算をきちんと確認せずに、

「家を建てるには土地がなくては……」

と、いきなり土地探しをする人がいますが、そんな人が、土地代として使ってもよい予算以上の土地を買ってしまった場合、性能の良い建物を建てる予算が自ずと削られてしまうため、当初の目的である「家族の幸せ」を満たすことはできなくなってしまいます。

密集地であるが故の思いがけない問題点

さらに、通風や採光は快適な生活をするために欠かせない基本的な条件なのですが、密集地ならではの問題として、通風採光の確保が難しい（太陽光発電の設置にも慎重さが必要）ことが少なくありません。

まして大阪の密集地、狭小地の場合、隣接建物が非常に接近しているため、特に採光を確保するのがとても難しい側面があります。家を建てる際には、採光規定というものがあり、床面積に対する有効開口面積の割合が決められています。（建てようとする建物と隣地境界線との距離が大きく関係してきます）

一つの例として、私の実家ですが大阪市内にある3階建て住宅です。一階にある居間や

ＬＤＫは昼間でも電気をつけなければいけません。もちろん通風もあまり良くありません。

これは仕方のないことだとは思うのですが、こうした現状を知ってか知らずか一階に居間やＬＤＫを配置することを望まれる方がとても多いのです。

また、建物が密集し、さらに道路が狭いとなれば通風を阻害することもおわかりいただけるでしょう。特に奥さんにとって、

「日当りが悪いの？　風通しも悪いの？　洗濯物はきちんと乾くの？」

と、心配される方も多いではないでしょうか。

実は洗濯物の乾きやすさは、日当たりよりもむしろ通風が良いかどうかにかかっています。もちろん、日当たりもよければ、それにこしたことはないと思いますが……。

もちろん、洗濯物がよく乾くかどうかだけではなく、快適な生活をするために通風は欠かせない要素です。

最近、Ｇハウスで家を建てる奥さんのほぼ80％の方は室内物干しを希望されるので、室内の空気の流れも重要な要素です。（後ほどご紹介する温熱環境性能の良い住宅には全て当てはまりませんが……）

このように諸条件が重なることで通風を確保しにくいことも大阪の家づくりにおける問題点の一つだといえます。

さらに、これからの生活に欠かせない存在になっていくであろう太陽光発電設備を屋根に載せる場合は、密集地において特に注意する必要があります。これは密集地ならではの問題ですが、せっかく太陽光発電設備を屋根に載せても、隣接建物との距離が近いため建物の影が太陽光パネルに落ちてしまうと、本来の発電能力を発揮できず発電量がガタッと落ちてしまうのです。

現在日本の国策として、原子力や石炭、天然ガスなどの発電エネルギーのうち、再生エネルギーが占める割合を西暦２０３０年には約25％にまで高めようとしているのをご存知でしょうか？　国策としての取り組みですから、必ずその方向で世の中は進んでいきます。

余談ながら、原子力発電が占める割合も23％程度まで引き上げていく方針らしいのですが、万が一、第二の福島原発のような事故が起こったとしたら、再生エネルギーが果たさなければいけない役割はもっと高まって行くことでしょう。そうでなくても２０１８年現在の再生エネルギーの割合は10％程度ですので、どちらにしても、太陽光発電は私たちにとって必需品となる時代がもうすぐそこまで来ているようです。

いかがでしたでしょうか?

仮にあなたが生まれも育ちも大阪であるとしても、大阪という都市や地域をこのような視点に立って、見たり考えたりすることはこれまであまりなかったはずです。

しかし、ここまでお読みいただいたことは全てが事実であり、これからマイホームを建てようとするあなたにとってごく身近な問題であると実感していただけたでしょうか。

ページ数にすれば決して多くはないこの中に、現在あるあらゆる問題点に焦点を当ててお話させていただきました。次は、家づくりをするうえで今まで以上に身近な話題の中にある問題点をクローズアップしてご説明いたします。

ここまでお読みになり、

「なんだかちょっと難しいな……」

と感じた方でも、ここから先はあなたにとって本当に身近な内容となりますので、しっかりお読みいただくことを強くお勧めいたします。

お金にまつわる落とし穴

一向に減ることのない〝住宅ローン破綻者〟

現在、日本の新築（所有）棟数は年間40万戸と言われています。毎年日本全体で40万戸もの住宅が建てられているということです。

この数字を見て、

「そんなに多くの住宅が建てられているんだから、自分にも問題なく建てられる」なんて単純に思ったのなら、それは大きな間違いであり、とても危険な考えです。

毎年40万戸が新築されているのとは別に、こんな統計が出ています。

それは、これも統計に出ているのですが新築後約5～10年ほど経過した築浅物件（ちくあさぶっけん）の売り出し件数は年間6万戸と言われています。

この年間6万戸と言われる築浅物件件数がどんなことを表しているか、あなたはおわかりでしょうか？　言い換えれば、新築した家を5～10年の間に持ち主が手放したことを意味しているのです。

毎年40万戸が新築されているのに対し、新築後約5〜10年ほど経過した築浅物件が6万戸も売りに出されているのです。6万戸÷40万戸だと15%となり、約7人に1人の割合で自分の家を売りに出しているのです。

もちろんこの中には、新築したものの更に理想に近い条件が揃った物件を見つけ、そちらに引っ越していったことも含まれますし、投資のように新築時よりも何らかの理由により物件や地価が上がったことにより資産価値が上がり当初よりも高値が付いたため売りに出したということもあるでしょう。しかし、そういったケースは決して多いわけではありません。

では、どういうことなのでしょうか?

ズバリ言うと、新築したものの5〜10年の間に何らかの理由により住宅ローンの返済ができなくなってしまったため、売りに出された件数と言っていいでしょう。

つまり、この数値の多くを占める人たちは、自分のため、家族のため、幸せのために建てたはずの夢のマイホームをわずか5〜10年の間に手放さなくてはならなくなった人たちなのです。

どんな人でも、夢のマイホームを建てるのですから元々5～10年で売りに出そうと思って新築する人はいないでしょう。これはあなたもそう思っていることでしょう。

では、どうしてこんなことが起こるのでしょうか。それも毎年6万戸も。

それには、もちろんいろいろな原因が考えられますが、その多くはハッキリ言うと家づくりをする際のお金に対する認識の甘さと資金計画に問題があるのです。

家を建てる場合、多くの人は住宅ローンを利用し最長35年という長期間にわたる住宅ローンの返済をしていきます。35年という期間は、人生の約半分に相当する期間です。仮に30歳で家を建てた場合、35年の住宅ローンを完済すると65歳、お仕事やお勤め先によって多少の差はあるものの、一般的な会社員なら定年を迎える年齢です。この間の人生設計や考えうるリスクなどを正しく把握しておかなければ問題なく住宅ローンを完済することはできないほど長い期間だということなのです。

この間の人生設計やこの先考えうるリスクなどを目先の数年だけのことだけで極単純に、甘く考えているといずれ〝住宅ローン破綻者〟となり、あなたの人生ばかりかご家族の人生までも悲しいものにしてしまうくらい重要なことだと理解してください。

ここで住宅ローンの返済ができなくなるとどうなるのかを簡単にご説明しておきます。理由については人それぞれあると思いますので割愛いたします。

①何らかの理由により、毎月返済するはずの住宅ローンの返済が滞る
↓
②金融機関より滞った返済の督促
↓
③それでも滞るようであれば、保証会社が金融機関へ代位弁済
↓
④一括返済を求められる
↓
⑤月々の返済ですら滞っていたため、一括返済のために家を売りに出して返済に充てる
↓
⑥売りに出すことで返済額以上の値が付けば返済に充てられるが、そうでない場合は賃貸住宅などに住みながら残額を返済していく。

本当に簡単にご説明すると、だいたいこんな流れになります。

人生には思いもよらぬリスクはつきものです。

今は家族みんなが健康で、お仕事も充実しているため何も問題がなくても、この先もそのまま続く保証はどこにもありません。

お仕事の面で言えば倒産やリストラの可能性、健康面で言えば事故や病気の可能性、これはご家族だけでなく一緒に老いていくご両親にも言えることです。

また、お子さんの人数やそれぞれの成長に伴う教育費や進学費用などもそうでしょう。

さらに細かいことを言えば、自動車の買い替えや家電、生活用品の買い替えなどお金にまつわる事柄はこれ以外にもたくさんあるのです。

だからこそ、あなたの人生やご家族の将来について真剣に考え、人生設計やお金に関する認識を改める必要があるのです。

もう一度言いますが、家を新築する約7人に1人が〝住宅ローン破綻者〟となっているのです。この現実をとても重く、真剣に捉えなければいけません。

あなたもそうならないよう、家づくりのプロとしてあとの章で私からのアドバイスをさせていただきますので、まずはあなたに起こりうる問題をしっかり把握してください。

認識のズレのスタート地点

お金に対する甘さや認識のズレのスタート地点がわかる質問があります。どうぞ次の質問に対するあなたの答えを考えてみてください。

質問：あなたの人生において一番高い買い物とは何でしょう?

この質問に多くの方が〝家〟と答えます。

果たして答えは……違います。但し、現金で土地や建物を買うのであれば正解です。しかし、実際に現金で土地や家を買う人はほとんどいません。

では、正解は……住宅ローンです。この答えを聞いて、

「……?　……何で?」

と思った人は、現時点でお金に対する甘さや認識にズレがあると思った方がいいでしょう。

正しくは『完済時の住宅ローン総支払額』こそが一番高い買い物なのです。

あなたの答えはどうでした?

『完済時の住宅ローン総支払額』というのは、元々の借入金＋完済までの金利です。仮にあなたが３６００万円の家を建てたとしましょう。単純に考えれば３６００万円もの家なのですからこれが一番高い買い物と思うかもしれませんが、住宅ローンを利用したのならば前述の通り、住宅ローンの総支払額の方が家の価格を超えてしまうのです。

（例えば、３６００万円の家の購入時に、３６００万円を年利１．５％、35年返済で借りると総支払額は約４６２９万円になります）

いかがですか？　おわかりいただけたでしょうか？

他にも長期的なコストとして、光熱費や維持管理費用があります。光熱費が毎月約２万円かかるとすると40年で９６０万円かかかります。もし、気密・断熱性能の優れた住宅だと約半分の４８０万円で済みます。その差は４８０万円。また、維持管理費用についていえば、一般的な住宅で、アフターメンテナンスを完璧にやろうとすると40年で２１００万円ほどかかりますが、耐久性を考慮した建て方だと１３００万円ほどになります。その差は８００万円。先ほどの光熱費と合わせると、なんと１２８０万円もコストが変わってくるのです。

こう考えると、本来マイホームは将来的なトータルを重視しなくてはならないのですが、ほとんどの人がここまで考えが及ばないのです。単に土地の価格や建物の価格、借入の金利や諸費用・手数料など目先のイニシャルコストばかりに目が向いてしまうことにある意味驚かされます。

原因として考えられるのは、こうした考え方や正しい情報をお客様にきちんと伝えない家づくりの業者がたくさんいるということは否めません。

このお金に対する甘さや認識のズレがあるまま家づくりを進めてしまうとどうなるか？住宅ローンは最長35年の長期におよぶ返済期間ですから、甘さや認識のズレは後々大きく膨らんでいき、あなたを苦しめることになるのです。そしてその行き着く先は……。

知っている、わかっているだけではダメなんです

あなたは『入るを量りて出ずるをなす』ということわざをご存知でしょうか？

わかりやすく言えば、収入がどれくらいあるか正確に計算してから、それに釣り合った支出の計画を立てるべきだということです。

「そのくらい知っているよ」

という方も多いでしょう。

ここで問題視したいのは、知っている、わかっているということではなく、この教えを実践できているかということなのです。知っている、わかっているだけではあなたの人生は豊かになりません。このことわざの教えの通り生活できていたら貯蓄に困ることなく、確実に貯蓄が増えていくはずなのです。

しかし現実はどうでしょう。あらゆる支出を優先し、余裕がある時は貯蓄に廻そうと考えていたり、実際にそうしている人が多いためなかなか貯蓄ができず、増えていかないということになっているのではないですか？

最近よく言われることなのですが、私は仕事柄これまでたくさんの方々の貯蓄額を聞いてきましたが、これにはある一定の法則があることに気が付きました。それはやはり「年収の多い人ほど貯蓄率が低い傾向がある」というものです。

普通に考えれば、年収が高い、収入が多い人は貯蓄率が高く、反対に年収が低く、収入が少ない人は貯蓄率が低いと思ってしまいますが、逆のことが多いようです。

いろいろと原因を考えてみたのですが一つの仮説として、年収の高い人はこれから先も今と同じように年収の高さを維持できるものだと思い、貯蓄の必要性をあまり痛切に感じてはいないようです。そして年収の低い人は、何か起こったときに経済面で生活に直接響くため、それでは困ると思い普段から貯蓄を心がけているというものです。まぁ、理由はこれだけに限らずいろいろあるとは思いますが、いずれにしても我々が一般的に考える収入と貯蓄率との関係性は少し違うようです。

収入と貯蓄率の関係性はともかく、家づくりをするにあたってはやはりある程度の貯蓄がないと不利に働くことがあります。

一例として、仮にあなたが土地代金と建物代金を合わせた総予算が4000万円だとします。注文建築で家づくりをしようとする場合、土地代に1500万程度、建物他工事代および諸費用、消費税を入れて2500万円位というのが総予算4000万円に対する土地代と建物その他の費用の割合となるのが一般的だと思います。

しかし、この場合最低でも総額の1割、400万円程度の頭金が必要です。その理由として、土地は購入契約金として土地代の1割の150万円、建物については諸費用その他で250万円程の現金が必要だからです。

もしこれができないと、住宅ローンの借入額は予算満額の100%ローンになってしまいます。

「それじゃぁ、いけないの？」

と思った方もいるのではないでしょうか。

総予算の1割程度の現金がないとどうして不利になるのかをご説明いたします。

物件価格（総予算額）の90%を超える額の借り入れをする場合、90%未満の額の借入に比べ金利が高くなってしまう場合があります。そればかりではなく、借り入れ審査も厳しくなってしまうのです。

ここ数年来、良く言われているのが家づくりの際にできるだけ頭金を少なくする方が良いとされ、それが広まりつつあります。

しかし、私としてはできるだけ頭金を少なくするという方法は必ずしも正しいとは言えないと思っています。あなたがこれから家づくりをするのなら、総予算の1割り程度の自己資金を用意できるのが望ましいと思っています。

どちらが良いか悪いか、正しいのか正しくないのか、それぞれに環境や条件に応じたメリットがあるとは思いますが、いずれにしても高価な買い物なのですから、少しでも余裕があった方がいいでしょう。

何より、家を買う前もそうですが買ってからもきちんと生活をしながら貯蓄ができる家計の体質改善をする必要があるのですが、実に多くの方がわかっていながらあまりにも実践できていないという問題を抱えています。

お客様自身にも問題があります

知識不足が甚だしい

「知識不足と言っても、何から何まで専門的なことなので知識なんかないよ」という声が聞こえてきそうですが、家づくりにおける何から何まで全ての知識を身に付けるということではないのです。

何度も言いますが、家というのは一生に一度あるかないかというほど大きな買い物です。そんな高価な買い物をするのにあまりにも何も知らないということを指しているのです。家以外にももちろん高価なものはありますが、家電製品一つ取ってみてもどこのメーカー、どんな製品、どんな特徴や機能があるのかなど何も考えずに買う人はいないと思います。

例えば、2015年4月から長期優良住宅や認定低炭素住宅の規定が変わりました。この長期優良住宅や認定低炭素住宅というキーワードはどの住宅会社のホームページを見ても出てくる言葉です。これが何を指すのか、どういった意味合いを持つのか……それらをしっかりと把握した上であなたの家づくりに取り組むべきではないでしょうか。

２０２０年には改正省エネ基準を満たすことが義務付けられていました。新築、中古に関わらず、基準を満たしているもの、基準を満たしていないものが混在するようになります。この基準を満たしていない住宅を「既存不適格住宅」と言い、この「既存不適格住宅」の購入は避けなければなりません。売却の際にこの基準を満たしていないことを理由に売却価格が下がるであろうことは容易に考えられるため「既存不適格住宅」の購入＝（イコール）資産価値の低い住宅を購入することになるからです。

（２０１８年12月に国の方針が変更され、義務づけは免除されましたが……）

どんなことをするにしても目標設定や到達点を考え進めて行くことが大切だということはおわかりいただけると思います。家づくりも当然これと同じで、目標や到達点というのは〝あなたが思い描く理想のマイホーム〟ということになるでしょう。ただ、建物の性能別・機能別種類を知らず、理解せずに家づくりを進めると後々とても後悔することになります。

このほかにも、安全性能や耐久性能、快適性能、機能性能、デザイン性能、ランニングコスト性能（将来のメンテナンスにかかる費用）、構造計算の重要性などあなたが知っておくべきことがたくさんあるのです。

それらを知らず、理解せずに家づくりを進めて本当に良いのでしょうか？

ここで『健康とマイホームの関係』という我々の生活に身近な話題を取り上げてみたいと思います。

あなたは、「ヒートショック」という言葉をご存知でしょうか？ 居間やリビングなどの比較的暖かい場所とトイレや脱衣場、浴室などの寒い場所との大きな温度差によって、心筋梗塞や脳梗塞などを引き起こし、本来心身の疲れを癒す安らぎの場所である「家」で命を落とす家庭内事故を言います。

今の日本における交通事故による年間死亡者数は約4000人といわれています。では、ヒートショックによる年間死亡者数はどのくらいいるか考えてみてください。

実は、ヒートショックによる年間死亡者数は約17000人と言われています。つまり、交通事故による年間死亡者数の約4倍にものぼる方がヒートショックによって家の中で亡くなっているのです。今の豊かな日本でこの事実をあなたはどう受け止めるでしょうか？

交通事故による死亡者数を減らすための策として、国は道路交通法を改正しシートベルトの着用を義務付けました。同じように建物においても平成25年に改正された改正省エネ基準の２０２０年義務化により、ヒートショックによる死亡者を減らそうとしています。（前述したように２０１２年12月に国の方針が変更され、義務づけは免除されましたが……）

法的な措置ももちろん大事なことだと思いますが、その一方で大きな問題点として挙げられるのは住宅を購入、または建築しようとする消費者の知識不足だと考えています。

具体的にはどういうことなのかを説明するにあたり、あたたかい暮らし研究会様の調査報告を参考資料として引用しご説明します。

一戸建では、夏季・冬季とも温熱環境（暖かさ、涼しさ）に満足していない比率が約70％を占め、梅雨・夏・冬季における湿度に満足していない比率も約70％。

温熱性能、温熱環境という言葉をよく知らない人が約70％。

「家の温熱環境と健康が大きく関係していることをよく知っている」人はわずか13％。

温熱環境の良い家にできなかった、購入しなかった理由を「温熱環境及び温熱環境のいい家について意識・知識がない」とした人が36％。

温熱性能、温熱環境というものを正しく知り、理解していれば温熱環境や湿度に対する満足度がもっと向上していたはずだとは思いませんか？

しかし、悲しいことですがこれが今の現実なのです。

それを踏まえて考えると、冒頭にお話ししたヒートショック問題は果たしてお年寄りだけの問題なのでしょうか？　これをお読みのあなたも、将来間違いなくお年寄りになるのですからよく考えなければなりませんよね。しかし、これはお年寄りだけの問題ではありません。

今の冬季の一般的な住宅の平均気温を見てみましょう。

居間12・7度、脱衣所・廊下・トイレ12・4度、居間16・8度となっています。このような住宅では、血管が固くなり、血圧が慢性的に高くなりやすいと医学的に言われています。そのためヒートショックに罹りやすくなっているのですが、イギリスでは冬季の室温が18度以下の賃貸建物に対し国が改善命令を出す制度があります。この命令に従わず改善しない場合は建物解体命令が出されます。つまり今の日本の平均的住宅はイギリスであれば解体命令が出てしまう恐れのある住宅であると言えるのです。

お年寄りに限らず若い人であっても、冬暖かい家に住むことで、さまざまな疾病から身を守ることができます。

寒い家に住む場合の有病率は暖かい家に住む場合と比べて、

・アトピー性皮膚炎約3・3倍
・関節炎3・0倍
・肺炎2・7倍
・糖尿病3・3倍
・心疾患5・0倍
・脳血管疾患約7・0倍にものぼっています。

大切なご家族の健康を考えたら、冬暖かいお家に住む必要性をあなたは感じませんか？

ほとんどの人が家づくりの手順と考え方を間違えています

この本を手にしているあなた、そうあなたです。そのあなたに伺います。

家づくりのための資金計画を始める前に、住宅展示場に行ったり、不動産屋さんのお店の前で物件広告を見たりしたことがありますか？

この質問に多くの方が「はい」と答えます。しかし、それは間違いです。

あなたの理想を叶え、本当に満足できる本物の家を建てるためには正しい順番があるのです。あなたやご家族にとって良い家を建てるためには、正しい順番を守ったうえで、石橋を叩くように慎重に一つ一つきちんとした手順を踏んでいくことが不可欠なのです。

同じように、そもそもの家づくりに対する考え方についても、間違っている方がとても多いと感じます。

例えば、お客様と間取りの打ち合わせをする際に、私はいつも感じることがあります。それは現時点でのライフスタイルに合わせた間取りを希望される方がとても多いということです。

「それではいけないの？」

と思われた方もいると思いますが、家はそういうものではありません。

ある年代なら、お子さんが増えることもあるでしょう、また、お子さんが成長し独り立ちによって将来独立されることもあるでしょう。お子さんだけなく、ご夫婦も同じように歳を重ねるのですから、おじいちゃんおばあちゃんになるのです。

こう説明するとおわかりいただけるのですが、お打ち合わせの時点ではこれらの事について一切頭にない方が多いようです。

これからの家は、長期優良住宅や認定低炭素住宅のような一定のレベルの性能を持つお家であれば、定期的なメンテナンスを行うことで、100年程度住むことのできる耐久性が十分にあるのです。こうしたことを正しく理解していれば、将来にわたってのライフスタイルも想像できるのですがなかなか現時点ではそれができていないのです。

また、同じように水回りの設備、キッチンやお風呂などに関心を持ち、お金をかけられる方が多いようですが、建物が建った後からでは手を付けにくい構造体や快適性の要であるサッシなどには無関心な人がとても多く、これらも知識の無さや目先のことばかりに気を取られてしまう状態だと言えます。

あなたとご家族の夢のマイホームなのですから、家づくりを考えるうえで、丈夫で長持ち、しかも住み心地が良いという『本質』にもっと目を向けるべきではありませんか？

念願のマイホームづくりということで、気持ちが昂り、浮き足立ってしまう気持ちも十分に理解できるのですが、決して安い買い物ではないため、自分達の思いや考えを俯瞰して捉え、少しだけ客観性を持ち、時間の経過や家族構成の変化などマイホームの本質に目を向けるべきだと感じています。

家族全員が幸せになる家を建てるのに、家族間の話し合いが十分に成されていない

唐突ですが、あなたに質問します。

あなたをはじめ、あなたのご家族はどんな暮らしをしたいと考えているのでしょう?

あなたはこの質問にはっきりと答えられるでしょうか?

仮に今すぐ答えられなくても構いません。しかし、これから家づくりを始めようとしているあなたですから、この質問にしっかり、はっきりと答えられるようご家族での話し合いが必要です。

何故なら、これから建てる家がそれらの価値観を活かせないような家だとしたら……それは本物のお家づくりではありません。

誤解しないでいただきたいのですが、家づくりのご相談や打ち合わせをしている時にこの質問をすると、ほとんどの人が答えに詰まります。つまり、ご家族の家のことでありな

がらご家族での話し合いが成されず、そのためにご家族それぞれがどんな思いでいるのか、どんな希望があるのかなどを知らないまま家づくりを行おうとしているのです。

話し合いをしたから、意見交換をしたからと言って必ずしも家族それぞれの思いが100パーセント活かしきれるかといえば、そうとは言い切れません。しかし、家族みんなが共にする生活空間なのですから、それぞれに違う家族の思いが調和するということがとても大事なことなのです。

実際にあることなのですが、こうした家族での話し合いをしておかないと、

「〇〇〇〇にしておけば良かったんじゃないの?」

「ええ〜! それならもっと早く言ってくれればいいのに……」

ということも少なくないのです。

だからこそ、ご家族での話し合いがとても重要なのです。

ここで実際にあった失敗談をご紹介します。

その人はマイホームを建てる際にとても自信があったのでしょう。奥さんの意見に耳を傾けず、希望・要望をあまり反映せずにお家の設計をしてしまいました。

マイホームが建ち、そこに住みだしてからの15年間、奥さんからこんな小言を聞かされ

続けています。

「もう少し私の意見も取り入れてくれたらよかったのに……」

その人とは……何を隠そう私です。

今ではとても後悔しています。あなたは私の轍を決して踏まないでください。

もう一度あなたに伺いますが、あなたとご家族はどんな人生を歩みたいのですか？　そしてどんなお家に住みたいのですか？

人工的な家もあれば、自然素材を潤沢に使った家もあります。ご家族が生活するうえで健康に積極的に関与できる抗酸化工法のお家などもあります。

こうしたことをしっかりと考えながらの家づくりは今よりもっとワクワクします。

コラム 私の楽しみ1

確か35才くらい頃だったと思いますが、スキューバダイビングを始めました。ダイビングをするにはライセンス（Cカード・認定証）が必要なため、まずは最初に必要なオープンウォーターコースの講習を受けました。このコースは、学科のほか実技としてプールでの講習と実際に海での海洋実習を受けるのですが、私の海洋実習は3月に白浜で受けました。

その時、ウェットスーツはジャージの厚さ3ミリのものを買って持って行ったのですが、今もし3月頃にダイビングをするとなると6．5ミリのスキンのウェットスーツを着ないことには、とても寒くてダイビングどころではありません。ところがその当時は3ミリのウェットスーツでも全然寒くありませんでした。初心者だったこともあり海の中で必死に体を動かしてしていたからでしょう。しかし、プロの方に伺うと、ダイビング経験を積むごとに、分厚いウェットスーツでないと寒いのだとおっしゃっていました。

かれこれ20年以上もダイビングをしていると、いろいろなことを経験します。

中でも一番怖かったのは、和歌山県の南部町にあるサンマリンさんでボートダイビング[*1]をしたときのことです。直径200メーター位の小島の北側でエントリー[*2]しました。時計回りに島を回ってエントリーポイントに戻る予定でした。その日は曇り空で海は荒れ、海中も透明度は高いのですが薄暗い状態でした。

島の南側に差しかかった時です。バディー*3の足元をふと見ると、20匹位のサメが旋回していました。

サメは攻撃を開始する前に旋回すると言われています。自分より大きなものに対して、サメは攻撃しないと知っていましたので、細長いフロートを膨らまして前方を私がつかみ、後方をバディーがつかんで岸まで泳ぎ着こうとしましたのですがなかなか前に進みません。

ふと後ろを見ると、バディーが全然足を動かしていないのです。足を動かすとサメに食いつかれそうで怖くて動かせないと言うのです。

ようやく岸まであと5ｍという浅瀬まで来た時に突然サメがアタックしてきました。鼻面を私が必死でキックして何とか事なきを得ましたが、その時ばかりはムッチャ怖かったです。

*1 ボートダイビング：潜る場所までボートで行き、ダイビングをすること。
*2 エントリー：海に入ること。対して海から出ることをエキジットという。
*3 バディー：2人1組で海に入る際のパートナー。

これは当時楽しんでいたスキューバダイビングでの話ですが、この時の怖さは今思い返してみてもゾッとする出来事でした。


サメの怖さとはもちろん違いますが、家づくりにも怖さは潜んでいます。

ここであなたにお聞きします。

あなたは、家づくりで怖い思いをしたいでしょうか?

誰も怖い思いなどしたくないはずです。しかし正しい知識を持たずに、間違った家づくりをしてしまうと、そこから先の人生でずっとこのような怖い思いを抱えて生きていかなければならないかもしれません。

ぜひこの本を活用していただき、マイホーム購入で怖い思いをする方が少しでも減れば幸いです。

第2章 私の家づくりを形成しているもの

父が建築業を始めたきっかけ

私がこの業界に入ったのも、今こうしてたくさんの方々の家づくりに携わっているのも、その根底をなすものは父からの影響が大きいと思います。

この章では、私の家づくりを形成しているもの、私の家づくりがどのようにして出来てきたのかを少しお話させていただきます。

昭和32年3月に私は生まれました。ちょうどその年に、私の父が建築業をスタートしました。

当時、喫茶店が大ブームでした。現在のようにチェーン展開されているようなものではなく個人経営の店が主流で、店主のこだわりが店の個性として色濃く反映された、他の店とはひと味違う喫茶店が人気だったようです。

それまで東京でホテル経営をしていた父が母との結婚を契機に大阪で始めた商売が喫茶店の改装です。当時はテレビを持っている一般家庭などとても少ない時代でしたから、空手チョップで有名な力道山のプロレス中継を見るためにテレビ放送が始まると喫茶店に人が集まるという状況でした。

それにヒントを得て、父は古くなった喫茶店を改装して、店を繁盛させてから転売する仕事を始めました。今で言うと、収益物件の販売です。その商売を始めた時点では、父は建築のことを全く知りませんでしたが、店の改装の工事をする際は朝から晩まで丸一日現場に立ってその様子を見て建築の知識を身につけたようです。

素人でありながらも、仕上がりには非常に厳しく納得するまで何回も工事のやり直しを職人に命じていたと後日、職人さんから聞いた記憶があります。

ちなみに、『現場』『現物』『現実』主義という、いわゆる3現主義からGハウスという現在の社名を、私が命名しました。そこには、父親のさまざまなエピソードが頭に残っていたことも大きく影響していると思います。

喫茶店ブームが終わる頃、父が次に始めたのは建売住宅の販売です。現場監督を1人雇い、自分で建てた家を建売住宅としてコツコツ販売していました。父はとても凝り性でしたので（息子の私もそれを受け継ぎましたが……）、当時の建売住宅としてはかなり斬新なものでした。

とてもがっちりした基礎、柱は檜の4寸角、壁は昔ながらの小舞竹を編んだ土壁、梁は丸太という徹底した伝統工法で家を建てていました。

当時建てた家は、既に築40年を過ぎていますが、今でも住んでおられる方がたくさんおり、皆さん狂いのない素晴らしい家だと愛着を持っていただいています。

ちょっと変わった……学生時代

私の子供時代と言えば、小学生の頃、鈍才？　と周りから思われても仕方がないほどの児童でした。1年生から2年生に進級する際に母が担任の先生に会いに行き、

「あの子には、もう一度1年生をさせて欲しい」

と真剣に頼みに行ったほどです（笑）。

無事2年生になっても、私はクラスの中で忘れものに関してはトップの成績を誇っていました。トップと言っても、忘れ物をしたことがないのではなく、忘れ物が多いという意味ですから当然ダメな方のトップです。とにかくそのくらい忘れ物が多かったのです。

毎日使う教科書、ノート、筆箱ですら当たり前のように忘れます。一番ひどかったのは、

登校の際1つ下の妹から、

「兄ちゃん、ランドセル忘れているよ」

と指摘を受けたこともありました。

そんな毎日でしたが、4年生になった時の担任だった山本先生という先生にとても可愛がってもらったこともあり、5年生になると学級委員長を務めるようにもなりました。

ただその頃、とても恥ずかしかった思い出があります。


1つは冬になると、母親の手編みの毛糸のパンツをはかせられることです。当時は体育の授業が始まる前に、男女が教室内で着替えることは当たり前でした。

そこで着替えをしていると男友達が、

「池田、毛糸のパンツはいとる!」

と大きな声で吹聴するのです。

そのため体育の授業がある日は母に、

「今日は体育の授業があるから、絶対に毛糸のパンツをはいていかない!」

と言うのですが、いつも聞いてもらえずいつも通り毛糸のパンツをはいて学校へ行っていました。（今になってあらためて考えると、母の手編みの毛糸のパンツですから、母が私をとても愛してくれていたと思えるのですが……）

そしてもう1つ、最悪の出来事が銭湯で起こってしまいました。

小学校の高学年になっていたにも関わらず、母は女湯に入れと言うのです。母曰く、

「あんた1人で男湯に入ったら、きれいに洗えへんから」

という理由からです。

あれこれ抵抗するものの、毛糸のパンツ同様、結局母には抗うことができませんでした。

ある日、女湯に入ってすぐの番台のところで学級委員長の女の子にばったり出くわしました。その瞬間、もう目の前が真っ暗になりました。

その子がクラスの皆に、女湯に入っていたことを話しているかも……と思い、翌日はとてもビクビクしながら登校したのを覚えています。

しかし、学校に着いてみると誰も何も言いません。そうです、彼女はその出来事を黙ってくれていたのです。

子供心に、ほっとした気持ちは今でも忘れません。

小学校4年生から6年生まで放課後サッカークラブに所属していました。

ほぼ毎日練習していたのですが、そのせいで捻挫を繰り返しました。昼間は痛みが走るのですが、なぜか放課後サッカーをしていると痛みが徐々に取れてくるのです。楽しいことに夢中になっていると痛みも忘れて熱中してしまう凝り性の片鱗が現れていたようです。

大人になってから捻挫をした際に、病院でレントゲンを撮ってもらうと、両足の甲に無数のヒビが入っており、お医者さんもびっくりしていました。

中学校時代はサッカーに明け暮れていました。クラブの練習が終わってからも、コンクリートの壁を相手に練習するほど熱中していました。その頃は、プロサッカー選手になりたいと考えていましたが、まだJリーグは発足されておらず、日本にはプロサッカーチームもなかった時代でしたので、それまでがむしゃらに頑張ってきたプロサッカー選手という夢もいつしか終わってしまった中学時代でした。

高校生になった頃から父の会社の現場でアルバイトをするようになりました。基礎の掘方やコンクリートの打ち込みという作業です。

現場に手伝いに来ている職人さんと張り合って、その職人さんが翌日休んでしまったくらい精一杯頑張りました。あとから聞くと、その職人さんが仕事を休んだのは、その日たった一日だけだったと聞いています。

そんなアルバイトの中で1番面白かったのは棟上げの手伝いです。

棟上げというのは柱や梁という、家の骨格ともいうべき構造体の組み上げをする作業です。当日施主さんがお酒や料理を振まってくれますし、ご祝儀をいただけるのでバイト代も増えるというわけです。

当時は飲酒運転も厳しくなく、棟上げの席でお酒を飲んでいる職人さんもいました。本来、厳しい、厳しくないに関わらずお酒を飲んだら車の運転をしては絶対にいけませんが……。次第に興が乗ってくると大工さんの出身地の民謡が飛び交い、賑やかでとても楽しかったのを今でも覚えています。

当時、アルバイトとはいうものの棟上げの現場で疑問に思ったことが1つあります。家の骨組みを作る際に、柱を何本か立て、柱頭の凸の部分に、梁の凹部分を差し入れ、カケヤという木製の大きなハンマーで叩いて収めるのですが、腕の良い大工さんがホゾ部分を加工した場合と腕の悪い大工さんが加工した場合では柱と梁がピッチリ収まるまでに叩く回数がまるで違うのです。

当時は今のように木材同士の接合部分に金物があまり使われていなかったため、大工さんの腕の良し悪しで、核とも言える骨組み部分で家の品質が大きく変わることにとても疑問を抱いたものです。

この疑問は、後に私の代で2×4工法（ツーバイフォー工法）に大転換理由の一つとなっています。

こうして父の会社の現場でアルバイトを続けてきた高校時代ですが、いよいよこの先はどうするかという時期になり、私は大学の経済学部に進学することにしました。

大学の経済学部に進学を決めたと言うと聞こえはいいですが、実のところ当時は何も将来的なことは考えておらず、当時の遊び仲間たちから、

「京都産業大学なら誰でも受かる」

という噂を聞いたため受験したのです。

それでも結局、7名が受験し、合格したのは私を含め2名だけでした。（噂というのはあてにならないものですね……。）

こうして合格した大学へ通い、1年留年はしたものの卒業を目前に控え、就職活動を行いましたが、ことごとく不合格が続き、全てが不合格という結果になりました。

まさか就職しないわけにもいかず、幸いと言うべきなのか、仕方なくと言うべきなのか、父親が経営者であったこともあり、父親の会社に就職することにしました。

父との衝突

父の会社に入社した私の担当は営業でした。大学生の時に宅地建物取引士の試験に合格していたためです。

入社当時の会社は、父親が社長、母親が経理、現場監督、手伝いさんの4名といった小規模の会社組織でした。私が入社してもやっと5名の会社です。

営業として私に任された仕事は、建て売り住宅を販売するための現場待機です。あなたも見たことがあると思うのですが、売り出し中の分譲地や建て売り住宅に待機し、現地を訪れるお客様を案内する仕事です。

私の場合は建て売り住宅ですから、出社したら、直ちに建て売り住宅の販売現場に向かい朝9時から夕方5時頃までずっと現場の前の机に座ってお客さんを待ち続けます。建て売り住宅の販売チラシをまくのはせいぜい月に1度だけですし、実際に1か月間毎日現場でお客様を待ち続けていても、来場されるお客様はせいぜい2~3人ぐらいです。大学時代に取得した宅地建物取引士の資格があるだけで、家や建築については何も知らない状態ですので、そんな私が出来ることと言えば毎日現場でお客様を待ち続けることとくらいだったのですが、それでもその仕事はあまりにも辛すぎて、

「これは建築の知識を身に付けなければ……」

と思いました。

そして、意を決して大阪工業大学の夜間建築科に入学。こちらは規定通りの3年間で無事卒業しました。これにより2級建築士の受験資格ができたので早速受験しました。しかし、見事に不合格でした。当時でも、もう独学での合格は難しかったようです。

そのため、建築士の資格取得のための受験対策専門校に通い、勉強したこともありやっと2級建築士に合格できました。その後実務経験を重ね、今度は1級建築士資格取得に挑

戦し、一発で合格することができました。

１級建築士に合格したことを父に報告した際、父は何とも言えずとても嬉しそうな顔をしていたことを覚えています。

まぁ、ここまでの話では順風満帆とまではいかなくても、かなり順調な滑り出しだとお感じになるかもしれません。しかし、実は父との大きな衝突がありました。

父との衝突の原因となった出来事はこういうことです。

弊社の建売住宅の購入を希望されていたお客様から、

「今住んでいる家を下取りしてほしい」

というご依頼をいただきました。

下取りしてほしいという家を私が査定させていただき、下取り価格を１５００万円とはじき出しました。しかし、父が私に指示した下取り価格は１２００万円。私がはじいた下取り価格と父が考えている下取り価格とでは３００万円もの差がありました。

それでも、会社とすれば少しでも安く下取りし、少しでも高く売れるようにしなくてはなりませんから、父の言う通り下取り価格は1200万円とお客様に伝えることにしました。お客様に金額を提示すると、お客様の方でも独自に下取り相場を調べていたらしく、

「相場からすると、2~300万円ほど安い」

とのご指摘を受けました。

そこで、下取りした住宅がすぐに売れない場合のリスクなども考えると、一般的な下取相場よりもどうしても安くなってしまうということをご説明し、やっとのことで提示した価格での下取りを了承していただきました。


お客様からの了承を得て、会社に戻り社長である父に報告すると、

「もう一度戻って、あと100万円安く下取りするように交渉してこい」

と言うのです。

その言葉を聞いた瞬間、私は頭にきてその場で会社を辞めることにしました。

まぁ、今考えれば若気の至りということなのでしょう。後日聞いた話ですが、このお客様から下取りした家は結局仲介業者に出して1500万円で売れたそうです。

父の言葉に腹を立て、会社を飛び出すように辞めた私は、別荘地の販売を手掛ける会社に就職しました。そこで不動産業界の恐ろしさを知ることになります。

入社当初営業マンとして働いていた私はありがたいことに社長に見染められ、企画部で働くようになりました。そこで用地仕入れの内情を知ったのです。

それまでは、販売用地はきちんと仕入れをしていると思っていたのですが、実情は全然違うものでした。一般的に考えれば、販売するための土地を探して、買い付け、その上でお客様に販売するのが筋道だと思うのですが、そうではないのです。

お客様とは先に売買契約を交わし、その後土地の所有者と交渉して出来るだけ安く仕入れたあとに、買主に出来るだけ高く売るという仕組みで成り立っていました。さらに、その会社は朝日や読売と言う大手新聞の4分の1ページほどの広告を掲載し宣伝広告をしていたため、まさかそんな仕組みで土地の仕入れを行っているとは夢にも思いませんでした。

ちなみに前もって第三者と契約した上で、後から購入した土地を引き渡すことは、宅地建物業法違反にはならないため、業界の内側からしかわからないこととはいえ、この時あらためて不動産業界の恐ろしさを肌で感じました。

その会社でしばらく働いていたのですが、ある日母から電話がありました。

父が急遽入院してしまい、誰も会社を取りまとめる人がいないので家に戻って来て欲しいとの事でした。父が入院してしまったことを単に告げるだけではなく、つまりは今いる会社を辞めて、もう一度父の会社に戻って来てほしいということです。

父と衝突して飛び出すように辞めてしまったため、いろいろと考えましたが、そんな事情なら仕方ないと、勤めている会社を退職し実家へ戻りました。すると、私を出迎えたのは父でした。どうやらこれは母にまんまと騙されてしまったわけです。


実家に戻り、父の会社で再び働き始め3年が経過した頃、喉の調子が悪いと訴えた父が病院で診察してもらった結果、食道がんであることが判明しました。それも、既に末期状態と診断され余命3~6か月とのことでした。これは家族皆がショックでした。


既に末期の食道がんと診断されましたが、医師である妹のおかげで手術をしてくださる外科の先生が見つかりました。ただ、手術中にもかかわらず先生は家族に向かい、

「がんが進行しており、かなり広範囲に広がっています。普通、ここまで広がっていると

処置しきれないのでこのまま手術を終了するのですが、もし、それでも出来る限りがんを取ってほしいとご希望されるのであれば、手術を続け出来るだけの処置をいたしますがどうされますか？」

と現状の報告と家族の要望を伺ってくれました。

出来る限りの処置をしてほしいと先生に伝え、可能な限りの処置をしてくださいました。

その選択肢が合っていたことや先生の努力の甲斐もあり、余命3～6か月と宣告されていた父ですが、平成2年の3月25日に亡くなるまで、1年3か月にわたり生きることができました。

病床の父から最後に言われたのは、

「あとは頼む。ただ土地の仕入れは絶対するな」

ということです。

父からの最後の言葉とはいえ、土地を仕入れないことには建売業は成り立ちません。これには悩みました。

父の思いと現実との板挟み

父亡き後、既に父の会社に戻っている私にはやらなくてはならないことがあります。それは、会社経営と社員の維持です。社員には何としてもお給料を払わなくてはなりません。そのためには、仕事を選んではいられません。建て売りの販売だけではなく、建物の解体工事の仕事も取ってきたりしましたが、それに対する社員の態度は冷たいもので、

「建物を解体するためにこの会社にいるのと違う。建築をするのにこの会社にいるのだ」

と言われてしまいました。そして社員は辞めていきました。


父がまだ元気だった頃よく口にしていたのが、

「仲介業者は千三(せんみ)つだ」

ということです。


千三つとは、土地や家屋に代表される売買において、仲介を生業とする会社または人を指す言葉なのですが、決していい意味の言葉ではありません。そして千三つとは、ほら吹きや嘘つきという意味で使われ、仲介業者にはほら吹きや嘘つきが多く、本当のことは千

のうち三つしかない、あるいは千ある話のうちまとまるのは三つしかないという言葉なのです。また、

「○○は千三つ屋だ」

などと使われる言葉なのです。

言葉の話はさておき、父はこの嘘つきの多いとされる仲介業者を良く思っていなかったようです。実際に仲介業者との間でそう思わせた出来事があったのかどうかもわかりませんが、信用には値しないと考えていたようです。

父の残した言葉はもちろん承知していましたが、父に代わって会社を継いだ私は業績を上げなくてはなりません。そこでいろいろと考えた結果、もっと営業力をつけなければいけないという結論に至りました。

父の言葉と会社の維持という現実の板挟みの中、私は葛藤の末、父が良く思っていなかった仲介業のフランチャイズであるセンチュリー21に加盟することにしました。センチュリー21の親会社は伊藤忠商事です。関西への初進出ということで他の15社とともに第1期加盟店になり、10年近くお世話になりました。

最終的には、結局脱退したのですが、脱退した理由の中で一番大きかったのは、仲介をしなければならない他社の建売住宅の品質の悪さでした。父の建てる住宅の品質を知っていた私は、品質の悪い住宅を仲介しなくてならないことに我慢ができなくなっていったのです。マイホームの購入といえば、ほとんどのお客様にとって一生に1度の大きな買い物です。そんな大きな買い物なのに、品質の悪い建物を、仲介とはいえお客様に提供することに我慢ができなくなったわけです。

この時、転機が……

この時に一つの転機となったのが、平成7年1月17日早朝に起こった阪神淡路大震災です。ご存知の通り、大規模の被害とともに都市機能やライフラインが麻痺しました。そんな中、西宮に住んでいる友人から電話があり、ポリ容器が欲しいと言うのです。地震によって水道が使えず、給水車まで水を取りに行くのにポリ容器が必要だとの事でした。震災後すぐのことなので、当然車では移動できません。その頃バイクに乗っていたのでポリ容器を3つ積んで早速西宮に向かいました。

道中、たくさんの家が倒壊しているのを目の当たりにしました。一日で建ってからあまり経っていないとわかる家も見事に倒壊していました。

「この家の持ち主は、家が倒壊したからといってもなくならない住宅ローンの支払いと、倒壊した家の処分、処理に掛かる費用、そしてこれからの住まいの家賃を背負っていくんだろうな」

と、震災に遭われた方のこれからの生活を思うと胸が痛みました。

実は後になって知ったのですが、これだけたくさんの被害の中、ツーバイフォー工法による住宅だけが、たった1軒の倒壊もなかったのです。

一般的にツーバイフォー工法といえば、軸（柱）で支える構造の従来工法に対し、壁組で支える構造という認識でないでしょうか。しかし、実際には構造材の緊結に在来工法の3倍もの釘が使われており、そのうえ釘の種類や打たれている間隔が表面的に見えることから、施工後であっても構造品質の良し悪しがすぐにわかるのです。

私はこのことにとても興味を覚えました。これなら高校生の頃のアルバイト時に感じた大工さんの腕の良し悪しによる心配や残念な部分も解消できると思いました。

このことがあったため、当然のことですが私の自宅は平成13年5月に完成した3階建てのツーバイフォー工法の住宅です。

当時自分が初めて新築した家で、今も忘れられないエピソードがあります。

棟上げが終わり、構造検査（中間検査）に合格したとの連絡を受け、翌日その現場に行った時、ホールダウン金物という地震に対してとても有効な金物が十分に締め付けられていないことに気付きました。

「構造検査の時に、この部分は気が付かなかったのだろうか？」

と疑問に感じました。

では、なぜこんなことが起こるのでしょうか？

そもそも、検査機関の係員が現場で検査する時間はわずか20分から30分程度です。したがって、すべての検査箇所を検査することはできません。

検査項目ごとにどこか1か所を検査し、問題がなければ同様にほかの箇所も問題ないとする、いわゆる〝みなし合格〟的な検査を行っているため、先ほどのような未点検箇所が必ず出てくるのです。

私から言わせれば検査機関の公的検査などあてになりません。何らかの手立てが必要だと考えています。それについては次の章で解決策を詳しくご説明させていただきます。

ちなみに私の家はあらゆるメーカーの設備や建築材料を使って建てました。通常であれば設備や建築材料はそれぞれ同じメーカーで揃えるのですが、家づくりが仕事の私にとっては、1階から3階まで出来る限り違うメーカーの製品を使って建てたのです。こうすることで、実際に自分の家で使ってみて、出来映えだけなく、使い勝手や耐久性などを確かめることができると考えたからです。


熊本県の益城町での大規模地震のあと、長男晃啓と次男祐規と現地調査に行きました。現状を調査すると、阪神淡路大震災の時と全く同様のことが起こっていたのです。築10年も経っていないであろう2階建ての家が、パンケーキクラッシュを起こしていました。

パンケーキクラッシュとは、建築物の構造崩壊形のうち「層崩壊」を指す和製英語で、倒壊した階層が平たく押し潰されている様子が、パンケーキに似ていることから俗称としてこう呼ばれています。熊本の住宅の場合、1階部分の柱が抜け、崩れ落ち、2階が1階部分を押しつぶすように落下し、ペシャンコになった状態でした。

その時益城町で私が実際に撮影した写真がありますので、ご覧ください。

●築 10 年位の新耐震建物の倒壊

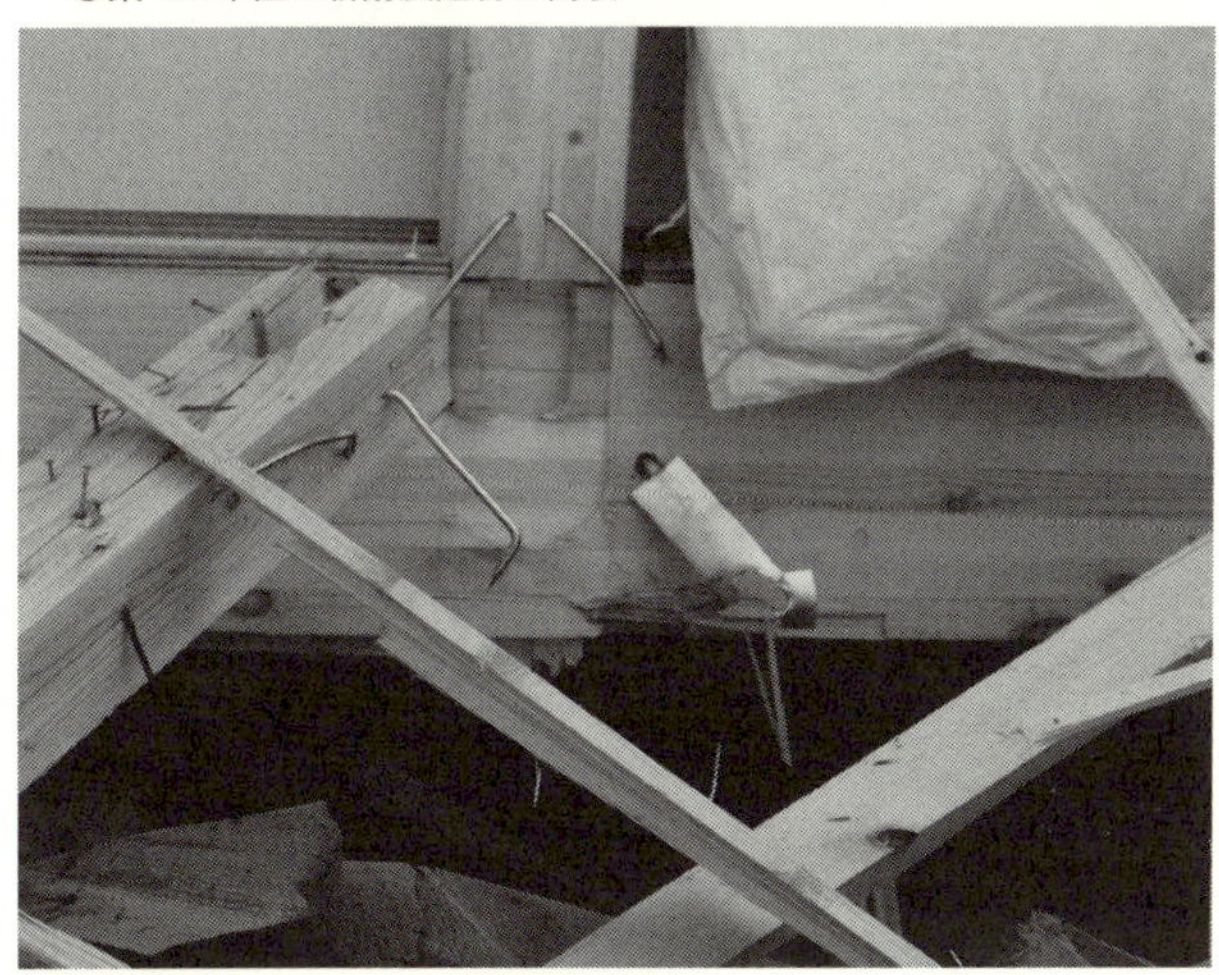

●構造計算をしなかった金物の破断

良い家づくりに一生懸命になるほど素朴な疑問が……

家づくりに一生懸命になればなるほど、私の中に素朴な疑問が浮かんできます。

1．なぜ木造2階建は構造計算をしなくてもいいのでしょうか？

阪神淡路大震災の被害の現場もそうですし、熊本の益城町の被害も同様で、2階建てで倒壊している家がこんなにも多いのに、建築基準法第6条第1項2号に記載されているように、2階建ての木造の建築物の構造計算はしなくても良いという扱いになっています。実際、2階建て木造住宅がこんなに倒壊を起こしていることを考えると……これって、おかしいと思いませんか？

この先大地震が起こって、もし自分の家が倒壊してしまったら……そこに付随するあらゆる地獄が待っています。倒壊してしまったにも関わらず、住むことの出来ない家の返済途中の住宅ローン。倒壊後に生活するための住居の家賃。つまり、毎月の支払いが二重の支出となって降り掛かってくるのです。家が倒壊するだけでもこれだけの精神的、経済的な負担を負う中、万が一家族やご自身が災害によりけがや死亡などということになれば……。

もし私自身がそうなってしまったらと思うとぞっとします。

自分がやられて嫌な事は人にしないのが生き方の原則だと思っていますので、Ｇハウスで建てる建物は2階建であっても、必ず構造計算をしています。ごくたまに、費用を考えて『構造計算なし』をご希望される方もおられますが、プロとしてその必要性を十分に説明させていただき、

「そうなんですか。では、やっぱりお願いします」

と納得していただいています。

法律で義務化されているわけではありませんが、木造住宅でわざわざお金をかけて構造計算をしようという工務店こそが、住む人のために目先に走らず、心底、住む人のための住宅をつくるよいつくり手であると信じているからです。

2. なぜ、地盤改良判定の結果が判定機関によって違うのか？

日本各地で起こった震災を元に、もしあなたが地震に強い家を建てたいとお考えなら、

1番関心を持つべきは地盤の強さだと思います。

ところが、この地盤改良の判定には疑問を感じています。何故ならその判定結果がまちまちなのです。地盤調査会社＝判定機関は論外ですが、第三者機関に判定してもらっても判定結果が各社違う場合がよくあるのです。こうなると、何を信じたら良いのか？ 私にもはっきりした答えは正直わかりません。出来ることと言えば、可能な限り正しい答えに近づけるように努力するしかありません。スウェーデンサウンディング方式での調査結果だけでは無く、判定方法を変え、表面波探査法でもう一度調査してみるとか、セカンドオピニオン方式をとるなどで対応するしかありません。

もし調査の結果、改良を要する地盤であると判定された場合、100万円近い工事費が必要となるにもかかわらず、これほど不明瞭なことがあって良いのでしょうか？

これについてはとても疑問に感じています。業界内から提唱し、技術的にも法的にもさらなる整備が絶対必要だと考えています。

Gハウスでは、調査結果を必ず施主様に提示するとともに、調査過程や結果の内容を詳しく説明しています。100万円近く工事費が掛かるかどうかのことなのでお客様にはより慎重に判断していただきたいと思うのは私だけなのでしょうか？

3. なぜ住宅業界は耐久仕様の住宅をお客さんに勧めないのか？

業界人の答えはわかっています。単純に売りにくくなるのが嫌だからです。
家は建てるお客様のものであり、判断するのもまたお客様のはずなのですが、業界として売りにくくなるからという理由を押し通す姿勢でいいのでしょうか？ とても疑問に思います。

確かに、耐久性を考慮し向上させた住宅は当然価格も高くなる＝売りにくくなると言う理屈はわからなくもないのです、これから家を建てるお客様やそのご家族の将来を考えた場合、本当にそのような考え方でいいのでしょうか？

一般的な仕様の家の寿命は25年から35年と言われています。これに対し、耐久仕様のある住宅は75年から90年と言われています。仮に施主様が35歳で一般仕様の家を建てたとすると、60歳から70歳の間でその家は寿命を迎えてしまうわけです。ちょうどその年齢に差し掛かる頃といえば、お勤めの方なら定年を迎える年齢となり、収入も減るため、老後をどう過ごすかと考え始める時期ですから、そんな時にあらためて家を建て替える余裕などほとんどの人にはありません。

将来の年金が不足するという予想されている中、35歳で耐久性のあるお家を建てていれば、マイホームを貸家にして、その家賃と年金を合算して、入居しているかもしれない老人施設での費用に充てることができますし、そのままマイホームに住んだとしても、これから普及してと考えられているリバースモーゲージも使えることになります。

リバースモーゲージとは、住宅ローンの場合、毎月の返済を銀行にしていましたが、逆にご自身の土地建物を担保に、毎月銀行から一定額を融資してもらうという制度です。

本当に施主様の将来のことを親身になって考えるなら、耐久性のある住宅を勧めることが、業界人として当たり前のことではないでしょうか？

私が家づくりで大事にしていること

家づくり。私が家づくりで大事にしていること……一言で言うと、住み心地の良い丈夫で長持ちするお家を建て、お客様に提供したいのです。

そのため第一に大事にしていることは、地震に強い家づくりです。

今後30年間に70～80％の確率で災害をもたらすような大きな地震が起こると言われてい

る昨今、もし地震が起こってマイホームが潰れてしまったら……。先にも書きましたが、施主さんは住宅ローンの支払いだけが残り、次に住む賃貸住宅の家賃も支払う必要が出てきます。この二重苦だけは施主さんに背負わせてはいけないと思っています。

第2に丈夫で長持ちの家を建てたいと思っています。

木造住宅では、シロアリ対策、防腐対策、難燃対策、防雨対策がしっかりしていなければ丈夫で長持ちの家にはなりません。

もし施主さんが35歳で家を建てたとして、耐久性のあまりない住宅であったとしたら、35年後ちょうど住宅ローンが終わる70歳頃にはその家の資産価値はゼロになってしまいます。リバースモーゲージや日本移住・住みかえ支援機構のとてもお得な借り上げ制度を使って老後の年金の不足を補うことが全くできなくなります。丈夫で長持ちのする家を建てればそんな問題は生じませんので、出来るだけ耐久性のある家を建てたいと常々思っています。

第3に大事に思っている事は、その家に住むご家族の健康を維持できること、そして快適性を確保することだと思っています。そのためには気密性能の高い、断熱性能の高い家が不可欠だと考えています。

もし、何の対策もしなければ冬場の湿気が壁の中で結露を起こしてしまうことは避けられません。そうなれば、その水分がやがて構造材を腐らせ、年々構造耐力が低下していきます。結露した水分が断熱材を濡らし、その浸透具合に比例して断熱性能が落ちていきます。そうなると、冬場の暖房費や夏場の冷房費が高くなっていきます。暖房や冷房の性能が落ちたと思い、新しいエアコンなどに買い替えてもこれは機械に原因があるわけではないので変わりません。

何よりも、これらは外からではわからない壁の中で起こることですし、当然ながら掃除などの対処ができない場所ですから、あっという間にカビやダニが増殖します。

こうして増殖したカビの胞子やダニの死骸や糞、それ以外に浮遊粉塵やホコリがレンジフードの運転時（室内が負圧になることによって）に、コンセントカバーなどから室内に噴出してしまいます。これらのアレルゲンはそのお家に住む人の倦怠感、めまい、頭痛、湿疹、喉の痛み、呼吸器疾患、アレルギーの発症、アトピーの発症、喘息の発症を引き起こしてしまいます。

●100%起こってしまう壁体内結露

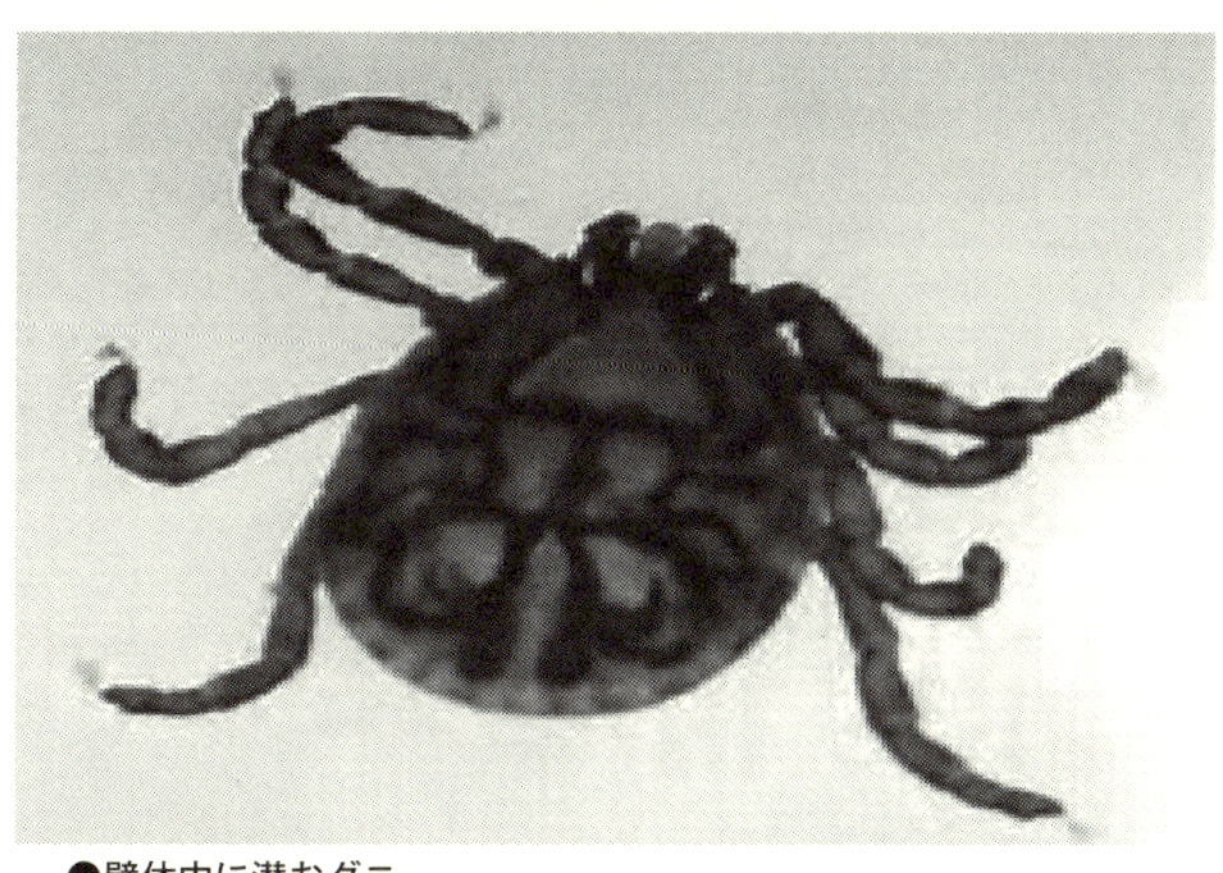

●壁体内に潜むダニ

ですから気密性能や断熱性能は良い家づくりにとって、とても大切な要素だと思っています。

第4に大事にしていることは、常に機能性の高い家を建てられるよう決して努力を惜しみません。

機能性の高さを考える時に、動線などいろいろな要素があると思いますが、特に私が注意していることは、収納面積の確保とその位置が適正であるかどうかです。収納面積をどのくらい確保すれば適正であるかを正しくご存知の方は、プロの方を含めてもとても少ないように感じています。

その家の総収納面積／総床面積＝収納率と名付け、私は最低12％以上は確保する必要があると思っています。建売住宅であれば6～8％、デザイナーズ住宅なら8～10％程しか確保できていない家が多いようです。

家の中の片付けがうまくいかないのは決して奥さんのせいだけではありません。そもそも収納面積が不足しているのです。また、収納の位置もとても大事だと考えています。

使う場所のすぐ側に収納がなければ、わざわざそこまで行って必要な物を取り出し、終われればまた元へ戻すということは使い勝手が良いとは言えません。

そういう意味ではＬＤＫに収納がないお家は機能性が低く最悪だと考えています。なぜなら子供はお母さんのいるＬＤＫで中学生まで勉強するのがほとんどだと知っているからです。ＬＤＫに収納がなければ、勉強道具やカバンは、ＬＤＫの床の片隅に置く他ありません。

最後に、デザイン性もとても大切だと思っています。やはり家というのは内観の機能性もさることながら、外観のセンスの良さが備わっていなければ、愛着が湧かなくなってしまいますよね。愛着の沸かない家は、そこに住んでいても本来必要な各所のメンテナンスがいつの間にか疎かになり、結果的にその家の耐久性も落ちてしまうことに繋がります。

これまで挙げた5つの要素はたった一つでも欠けてしまうと、良い家ではないと私は確信しているのですが、あなたはどう思われるでしょうか？

コラム 私の楽しみ2

前章のコラムで書きましたが、以前はスキューバダイビングを楽しんでおりました。しかし、ダイビングも20年以上やっているとちょっと飽きてきたりします。ダイビングを始めた頃と重複して力を入れはじめたのがゴルフです。

実は20代から既に始めていたのですが、その頃はまだそれほど興味がなく、ろくに練習もしないままコースに出ていました。当然、興味がないから練習しない→練習しないから上手くならない→上手くならないままコースに出るので面白くない→面白くないから練習もしない、という悪循環に陥ります。

しかし、父親のお墓のすぐ裏手にある交野カントリーに入会してからは心機一転。定期的に開催される交野カントリーの競技会にも出場するようになりました。

ハンデキャップも11となったものの、そこからは頭打ち状態です。

「ゴルフを始めた年齢の半分のハンデキャップまでいける」とどこかで聞いたのですが、私の場合その通りでした。ちょうどゴルフを始めたのが22才だったのです。

上手くならない理由はほかにも自覚していて、飛距離が出ないのです。なぜ飛距離が出ないのかもわかっていました。小学生の頃ソフトボールの代表選手だったのですが、単に腕力の問題なのか、身体の使い方なのかはわからないのですが、どうしても打球が内野手をなんとか超えるところまでしか飛ばなかったのです。ただそれでも、一塁までの走塁が速かったので、出塁率がよく代表選手になれたというわけです。


　こうしてゴルフでも飛距離が出ないのが問題なのですが、一緒に廻る人は私の体格を見て、

「池田さん、その体格ならよく飛ぶでしょうね」

と廻る前におっしゃるんですが、廻った後は一切その点に触れないぐらい飛ばないのです。

　結論として、ゴルフの飛距離と体格は関係ないことをここに断言しておきます。


　もし、あなたのお子さんにゴルフへ趣味を持たせたい、将来一緒にゴルフをしたいという夢があるのなら、できるだけ小さいうちから始めるのがいいでしょう。

　ちなみに、我が家の長男晃啓と次男祐規は、小さい時からゴルフを始めたこともありよく飛びます。

第3章　あなたの家づくりを成功させるために

まずは知ることから始めよう

マスコミに出ないことでも知っていれば家づくりはうまくいく

第1章では、とても大切なことなのにも関わらず表面化しないことの一例をご紹介させていただきました。確かに専門的なことなので、あまり身近に感じることはできないかもしれません。しかし、ご説明した通りあなたがこれから始める家づくりにおいて決して軽視できるものではないということがおわかりいただけたと思います。

では、このように表面化しない事柄に対し、どのように対応すればいいのでしょうか。解決法の一つとして、今あなたが読んでいるこの本には私が知る限りの家づくりのノウハウ、問題の解決法、家づくりを成功させるための取り組み方などをまとめています。つまり、この本をしっかりと最後までお読みいただくことでどうなるのか……これらを知らずに家づくりをしている住宅会社とは違い、あなたの家づくりの成功確立が限りなく100％に近づくということなのです。

知らないことなら仕方ないではなく、知っている人やそれらにきちんと対応している人や会社から学べばいいのです。そして知り得たことを上手に活用しあなたの家づくりを成功させればいいのです。

では実際に前述した、マスコミにも取り上げられなかった長期優良住宅の倒壊実験から私たちは何を学べばいいのでしょうか？

国が認める耐震等級3の建物が実験の際に倒壊してしまいました。しかしその時、建築基準法が定める最低強度の耐震等級1の建物は倒壊しなかったのです。実験の映像を見てみると、耐震等級1の建物は土台と柱がほぼ真上に抜けることによって、振動のエネルギーが抜け損傷が軽くなったと思われます。

その結果から考えて、耐震等級1の建物の方が、地震が起きた時に安心かというと一概にそうではありません。

阪神淡路大震災の時に、2階で寝ていた人は助かったにもかかわらず1階で寝ていた人は1階の柱が抜けてしまい元の位置に戻らなかったことによって1階部分の倒壊により圧死したという事件を覚えておられるでしょうか？　今回の実験ではたまたまほぼ元の位置に土台と柱が戻ったためか、1階部分が倒壊に至らなかったというだけで決して安心できる建物だと言えるわけではないのです。

ではどんな建物を建てたら、私たちにとって安心な建物になるのでしょうか？その前に、地震の際に建物の被害を少なくするため、どのような対策が地震に対して有効なのかについてお話しておきます。

その対策は3つあり、1つ目が「耐震」です。建物の構造を剛にすること、硬さによって地震に耐えるというものです。具体的には釘や接合部の金物を増やしたり、構造材の量を増やすことによって建物の剛性を高めます。コスト的には、材料代が増えるぐらいです。

2つ目は「制震」です。地震の力を制御することで、地震に耐えるというものです。具体的には制震金物を構造材に取りつけます。建物床面積の大きさに応じて取付本数は変わりますのでここでは目安としてご説明すると、30坪位のお家の場合、2階建てなら約24本、3階建てでは36本ぐらいの制震金物を取りつけます。コスト的には36万円から54万円ぐらいです。

3つ目は「免震」です。地震の揺れが始まった途端に、基礎と土台の間にある免震装置が働いて、建物の被害を最小限に食い止めるというものです。具体的には免震装置の中に空気や水を送り込むことによって、基礎からの振動を建物に伝えないという仕組みです。非常に効果的な方法なのですがコストが掛かります。大まかな目安として一軒当たり

700万円前後でしょうか。この金額を考えると、個人で自分の家に採用するには、二の足を踏む方が多いのではないでしょうか。

私見ではありますが、私は「耐震」プラス「制震」がベストであると考えています。具体的には構造材料を増やし、適切な量の釘や金物を分散配置し耐震を実現、その上で適切な箇所に制震金物を設置することで、木造本来の柔構造の特徴を生かす工法が最適ではないかと思います。

ツーバイフォー工法は在来工法に比べて、構造材の量は約1.3倍、釘の量は約3倍必要です。しかし、釘を建物全体に分散して打ち付けることによって、どこか1カ所に地震の力が集中することを防いでいるのです。このようなツーバイフォーの耐震性の高さは阪神淡路大震災、東北大震災において、倒壊建物が一軒もなかったことで実証されています。(他の工法……鉄筋コンクリート造、鉄骨造、在来工法の木造においては倒壊建物がありました)

ちなみに日本ではツーバイフォー構造は3階建てまでしか認められていませんが、アメリカでは7階建てまで建てることが認められています。

建築基準法をクリアするだけでなく、それ以上の安心を

建築基準法では、2階建ての建物については構造計算をする義務がありません。ただし、2階建てでも長期優良住宅は構造計算することが義務づけられています。

こうした現状を考えると、あなたが良好で安心できる2階建ての家を建てるために取れる手段はたった1つです。

2階建てであっても工事をお願いする工務店に、「構造計算を必ずしてください」とお願いすることです。

2階建ての建売住宅を買う場合は、構造計算をしたうえで建てているかどうかを確認することです。

少し話が変わりますが、お医者さんの世界で専門医制度があるように、建築士の世界でも得意分野が細分化されています。同じ建築士といっても、意匠設計、構造設計、確認他申請業務をそれぞれ専門あるいは得意とする建築士が分担しているということです。

私の知り合いのツーバイフォー専門の構造設計士から聞いた話ですが、当人が中堅の建売業者に出入りしていた時、その業者が建てようと計画している2階建てのプランを見て、構造的に問題がある設計だと指摘したところ、すぐに出入り禁止になってしまったそうです。

この建売業者さんにとっては、

「建築基準法をきちんとクリアしているのだから、他所の人間がつべこべ言うんじゃない」

ということなのでしょうか。

あなたがもし、とても気に入った家を見付け、それが建売業者さんによる2階建てだった場合、まずは構造計算をしたうえで建てているかどうかを確認し、構造計算をしてなかったり、質問には答えず建築基準法はちゃんとクリアしていますなどの答えが返ってくるようなら、その家の購入を見送った方が良さそうです。

しかし、立地や予算などを含めて気に入り、その住宅をどうしても購入したいという場合は、信頼できる建築士さんに購入したい住宅について相談してから購入すべきです。まともな建築士さんであれば、直下率※1や壁量※2、偏心率※3の検討をしてくれるでしょう。

※1：直下率とは、2階の壁・柱と1階の壁・柱の位置が一致する割合を示すものです。具体的には、「壁の直下率」と「柱の直下率」の2種類をチェックします。

※2：壁量とは、住宅の耐力壁が持っている、地震や強風に抵抗するための強度のことをいいます。壁量は東西方向、南北方向、それぞれの方向ごとに算出し、各階の各方向の壁量の和が一定以上である必要があります。

※3：偏心率とは、重心と剛心のへだたりのねじり抵抗に対する割合をいいます。重心と剛心との距離の大きい（偏心の大きい）建築物においては、部分的に過大な変形を強いられる部材が生じます。第1章でお話し細長い建物を建てる問題点とは、この数値が悪くなるのが問題です

これらを踏まえて、さらにその住宅が認定低炭素住宅である事は最低必要条件です。

もう1点施工の良し悪し（確実性）がどうであるかを確かめる方法は、建てた工務店にその会社なりの「施工チェックシート」があるかどうかを確認してみてください。

「公的検査を受けた検査済証があるから大丈夫です」
という返事が返ってきたら、その工務店が建てたお家の購入や自分が建てようとするお家の建築依頼は避けた方が無難でしょう。

なぜかというと、公的検査は、家の完成までに3階建てで基礎検査、中間（構造）検査、完了検査のわずか3回、2階建てだと基礎検査を除くわずか2回の検査回数しかないからです。しかもその検査は全てにわたり検査を行うではなく、1部を検査しただけで、他の箇所もきちんとできているであろうという性質の検査なのです。そんな検査ですから1回の検査時間はわずか20分程度、長くてもせいぜい30分ぐらいしか検査に時間を費やすことはありません。

このことを聞いても、検査済証があるからという答えにあなたは満足ができますか？

ちなみにGハウスでは写真付きの自主検査報告書をお客様にお渡しししています。

それを始めたきっかけは、２００２年に私が自宅を新築した際、中間（構造）検査に合格したと聞いて、翌日現場に行ったら、ホールダウン金物と呼ばれる重要な金物の締め付けが甘かったことに気付いたことです。

地震に強い家を建てるのに最も重要な要素は地盤強度です

一般の方々にはなかなか知り得ることではありませんが、実は建売住宅で地盤改良している現場がとても少ないのです。これはとても大切なことなので、その理由をご説明いたします。

大手住宅メーカーが販売している建売住宅でも、その住宅を実際に建てているのは地場の工務店です。ですから瑕疵(かし)※1担保履行法※2に基づく保険の適用を受けるために、地盤調査を必ず行わなければいけません。しかしながら大手住宅メーカーは、瑕疵担保保険の適用を受けずに供託金を納めることでその枠から外れています。

※1：瑕疵とは、住宅業界で言えば一般的に備わっていて当然の機能が備わっていないこと。あるべき品質や性能が欠如していること。

※2：瑕疵担保履行法とは、新築住宅を供給する事業者には、住宅の引き渡しから10年間の瑕疵保証責任が義務付けられています。引き渡しから10年以内にその住宅に何らかの瑕疵が見つかった場合……しかし、既にその事業者が倒産している場合などに

備えてその解決策として制定された法律です。

その地盤調査結果を判定機関に委ねるのですが、実は判定機関は一つではなく複数あります。そして地盤改良が必要であるかどうかについての判定結果は判定機関ごとに異なるのです。例えば、ある判定機関では「地盤改良を要する」という結果が出た土地の調査資料を別の判定機関に提出すると「地盤改良の必要なし」という別の結果が出ることがあるのです。

なぜ、判定機関によって出てくる結果が違うという現象が起こるのでしょうか？

実はこの判定は共通化された数値基準によるものではなく、判定員の学識と経験に委ねられているからなのです。しかも判定においては一般消費者に不要な費用をあまり掛からないように考慮して判断するとされているようです。そのため判定機関によって、地盤改良が必要かどうかの判定結果が異なってくることがあるのです。

地盤改良費用を掛けたくないと思うのなら、判定基準が緩い判定機関に調査結果を持ち込めば本来地盤改良が必要な土地であっても「改良の必要なし」という結果が出てくるのです。建売住宅の市場で地盤改良をほとんどしていないのはこのためです。

一方こういうことも考えられます。

地盤調査をするのは誰なのかということです。一般的には地盤改良業者が行うケースが多いのですが、だとすると地盤改良工事が必要だという調査結果が出やすいように、調査機械を調整しているということも可能性として考えられます。

では、こういった状況の中私たちはどうしたらよいのでしょうか？　その答えとして、必ずセカンドオピニオンを取るよう建築業者に依頼することです。さらに、その調査結果を必ず見せてもらい、納得のいく説明を受けることが大事です。

多くの建築業者はセカンドオピニオンも取らずに「地盤改良の必要なし」という結果だけをあなたに伝えるケースが多いようですが、それだけは避けてください。地盤改良費用が掛からないということで安心してしまい「そうですか」とすぐに認める方が多いのですが、80年、１００年という長期にわたる耐久性がある住宅に対して、１００万円前後の地盤改良費用をケチる事はあなたの家づくりにとって本当に良いことなのでしょうか？

お時間のある時にでも一度インターネットで「大阪の地盤が一体どんな硬さの地盤が多いのか」を調べてみてください。十中八九、大阪の地盤の悪さに驚かれると思います。

温熱環境の良い家に住むために

家づくりを考えると多くの方はその外観やデザインに目がいきがちですが、安心かつ機能効率の良い住宅として、高気密性能・高断熱性能・高耐久性能に優れた温熱環境の良い住宅を購入されることをお勧めします。

高気密住宅であるためには、施工上色々な工夫が必要です。このあたりの情報は企業秘密でもありますので、紙面上詳しくはお話しできませんが、要は隙間ということごとくなくしていくことで住宅の気密性能を高める必要があります。この時、どの程度隙間をなくすことができているかを示す数値があります。

これはC値と呼ばれており、C値とは、建物の床面積1㎡あたりの隙間面積を表す値で、数値が小さいほど気密性が高いことになります。

例えば、床面積100㎡の家でC値が1.0の場合、建物全体の隙間を集めると100㎠（正方形10×10㎝相当）あるという意味です。

では、家の隙間が多いとどうなるのでしょうか。

第一に、高断熱住宅であるにも関わらず隙間が多いために外気の影響を受けやすくなり、断熱性能の効果がじゅうぶんに発揮されず、冷暖房の効率が悪くなります。

次に、風が強い時や室内外に圧力差があるときに、隙間から空気が出入りするため花粉や砂ぼこりも侵入します。さらに、換気システムが効果的に働かず、家にたまる湿気や有害物質を追い出すことができずダニやカビが発生しやすい場所ができます。梅雨から夏の除湿、乾燥する冬の加湿効率も落ちます。

また、隙間によって遮音性が損なわれ家の外の物音が大きく聞こえます。

そのようなことにならないためには、どの程度の気密性が必要なのでしょうか。具体的なわかりやすいデータはなかなか見つけにくいと思われるのですが、いくつか参考となる情報をご紹介します。断熱性を生かすためにはこの程度の気密性が望ましいと思われるのは、カナダの省エネ住宅の基準であるR2000住宅がこのレベルです。ダクトのない第三種換気方式では少なくともC値1.5が必要でしょう。

千葉工大の小峰教授の研究では、C値0.7以下であれば強風が吹き荒れる地域でも隙間風による熱損失の影響がないという報告があります。また、高断熱・高気密住宅の先駆者である故・鵜野日出男氏は、湿度を管理するためには最低でもC値が0.9できれば0.5という数字を出していました。

梅雨から夏に除湿し、乾燥する冬に加湿することができると、とても快適な空間になります。ちなみに、ドイツの省エネルギー住宅であるパッシブハウスの基準では、これより厳しい0.2となっています。

日本の住宅の気密性能の現状はどうなのか、とても気になると思うのですが、実は大手ハウスメーカーの多くはC値を公開していないばかりか、測定すらしていません。C値は建てた後に測定するため、数値を保証することが難しいからでしょう。

気密性を確保しやすいツーバイフォーやパネル工法は比較的マシですが、木造軸組工法や鉄骨住宅では数値にバラツキがあります。高気密という点では、大手ハウスメーカーよりも、積極的な一部の工務店の方が高性能であることも多々あるのです。

（ちなみにGハウスの標準仕様ではC値0.2～0.4前後を誇っています。）

では断熱性について考えてみましょう。

断熱性能とは、簡単に言うと内と外の温度差がある場合、その差を保ったままでいられる性能のことです。ペットボトルのお湯と、高級保温水筒のお湯を例にとってご説明させていただきます。

寒い冬に熱いお湯を持ち運ぶとします。持ち歩くと、高級な保温水筒は熱いままですが、ペットボトルのお湯ははどんどんぬるくなっていきますよね。お湯を外気の暑さ・寒さに関係なく一定の温度で保つ性能、これが「断熱性能」です。

この例で言えば、ペットボトルは断熱性能が低く、高級保温水筒は断熱性能が高いと表現します。これをそのまま家に当てはめると、断熱性能が低い家は冬になると室内の熱が外に逃げてしまう「寒い家」。断熱性能が高い家は、一度暖めた熱を逃がさない「快適な家」ということになります。

断熱性能の指標として、国の定める「住宅の省エネルギー基準」で用いられるUA値（ユーエー）値があります。UA値とは「外皮平均熱貫流率（がいひへいきんねつかんりゅうりつ）」のことを言い、「一定の時間あたりどれだけエネルギーが失われるか」を示した数値です。

少し細かく説明すると、住宅の内部と外部の温度差1度の場合、内部から外部へ逃げる一時間あたりの熱損失量を住宅の外皮（外壁、床、屋根（天井）、窓・ドアなどの開口部）の面積で割って求めます。

ここでいう外皮は言葉の通り、人間で言うなら全身をくるんでいる皮膚に当たります。

人間の皮膚の断熱性はどの人でもそれほど大きく変わりませんが、家の外皮は構成する建材やその用い方で大きく変わってきます。そのためにUA値で比較検討することが必要になってきます。UA値は家の外皮全体から一時間当たりどれほどの熱が逃げるのか、ですから、UA値が低いほど「熱が逃げにくい」＝「断熱性能が高い家」となります。

ちなみにGハウスの標準仕様ではUA値0.5前後を誇っています。

温熱環境とは少々異なることかもしれませんが、大事なことなのでご説明しておくと「壁体内結露」についても必ず留意する必要があります。

壁体内結露とは冬季、室内の水蒸気が室外に流れていく際（多い方から少ない方へ必ず流れる性質があります）に壁の中で結露を起こす現象を言います。水蒸気の大きさは4／10万～3／1000万㎜しかなく、建築材料は1／500～1／1000㎜もあり、例えて言うなら20㎝の輪に対し4㎜ほどの粒なのでどんな建築材料の中へでも水蒸気は入っていきます。入った水蒸気は外壁に行くにつれ、外気温の影響により空気が冷やされ、抱えきれない水蒸気が結露してしまうというわけです。

結露が起こるとどんなデメリットが生じるのでしょう。

- 構造材が腐り、年々地震耐力が低下
- 断熱性が落ちる
- 暖房費、冷房費が高くつく
- 掃除できない場所にカビやダニが増殖

つまり、間違いなく住む人と家の寿命に悪影響を及ぼすのです。こんなお家をあなたなら購入したいと思いますか?

それらを防ぐためには、ベーパーバリアという材料で外気に面する壁を覆う必要があります。ところがこの施工をしている住宅はとても少ないのです。多分、現在建てられている住宅のうち、95%ぐらいはベーパーバリアの施工をしていません。もし、そんなお家で料理を作る時に換気扇を回すと……キッチンの換気扇の強力な換気量(600㎥/h)で吸い出されますから、コンセントの穴などからカビ・ダニ・汚いほこりが室内に噴出します。それにより、だるさ・めまい・頭痛・湿疹・のどの痛みなどの症状が出たり、ひどい場合、アレルギーの発症アトピーの発症、ぜんそくの発症など、免疫力の弱い子供に症状が出やすくなるのです。これらが原因で、未だにシックハウスが無くならないのです。

大阪で安心して暮らすために

リフォームか？　建て替えか？

第1章で「本来建て替えるべき築年数の家をリノベーションする方もおられるようです」とお話ししましたが、建て替えるべき築年数についてもう少し詳しくご説明させていただきます。

これまでの住宅建築の過去の歴史を振り返ってみると、戦前はつか石に柱を乗せただけという状態が普通でした。その次に土台の下をコンクリートの壁状のものが支えるといういわゆる基礎的なものが作られました。昭和46年になっていわゆる布基礎というものが普及し出しました。壁状のものだけだと接地面積が少ないので、より安定性を増すために壁の下部分を左右に拡幅した部分を布と言います。昭和56年6月には建築基準法が改正され、鉄筋入りの基礎が普及し始めました。この時、新耐震基準になりその基準は現在も活きています。阪神淡路大震災では旧耐震の約30％が倒壊したのに対し、新耐震はわずか数パーセントに留まりました。

このことからわかるように、昭和56年6月以前の建物はもし予算が許せるなら、下手にリフォームするより建て替えた方が良いと私は思います。中古住宅を買ってリフォームをお考えの方も、必ず昭和56年6月以降に建築確認申請された建物を購入してください。建蔽率や容積率、道路斜線などによる厳しい条件下でお家を建て替えるよりも、リノベーションされる方もおられるようですが、私は思い切って建て替えられた方が良いと思っています。なぜなら、第2章で述べた通り、リノベーションしても地盤改良ができないため資産価値はほぼないからです。

これから土地を購入される方は「土地が狭く、間口も狭く、道路幅も狭い」土地は買わないのが賢明です。

問題は建て替えをする方です。ご自身の土地が面積的に狭く、間口が狭く、道路幅が狭いとしてもこれを変えることはできません。建物間口が2間以下の場合は、どうしても細長い家になってしまいます。前にも話した通り、細長い建物は耐震上ねじれが生じやすく、耐風上も不利になってしまいがちです。この問題点を解決するのに接合金物を多用することによって補強しようとする考え方は間違っています。前述した長期優良住宅の倒壊実験がそれを証明しています。

ではどうすればいいのでしょうか？

私は、耐震等級は2～3を目指し、制震金物を併用されることをお勧めします。事実、相応の費用をかけて私の自宅に制震金物を設置したことで、その考え方の正当性をご理解ください。

ちなみにご存知のない方が多いと思いますので少し説明しておきますと、建築の世界で言う耐震性が高いというのは、そこに住んでいる人がそれらの災害にあっても命が救われる、つまり逃げ出せる時間があるということであって、絶対につぶれないということではありません。

しかしそれでいいのでしょうか？　地震が起こった際にいくら命が助かっても、後々その家に住めなければ何の意味もないと私は考えています。地震で被害を受けるお家の多くは、いわゆる余震で住めなくなってしまう、つまり構造破壊を起こしてしまっているのです。ですから、制震金物を付けることで100％大丈夫かと言われれば、さすがに100％イエスとは言い切れません。しかし、制震金物を付けているのと付けていないのでは余震における構造破壊の程度が違うことは、じゅうぶんイメージしていただけると思います。

土地選びの実情を知り、家族の幸せを達成するために

大阪の土地価格の高さの問題を解決するためにはどうしたらよいのでしょうか？　その話をする前に、あなたには少し土地に関する知識を持ってもらいたいと思います。

いよいよ土地探しを始める時に、

「どんな土地がご希望ですか？」

と伺うと、ほぼ決まって皆さんが言うことがあります。それは、

「今住んでいる所の近く、または土地勘のある所で探したい」

特に奥さんは今自分が所属しているコミュニティーから離れたくない、いわゆるママ友と離れたくないと言う理由が多いようです。皆さんがそう言う理由はズバリ潜在意識のなせる技です。潜在意識はできるだけ危険のないところに自分を置きたがります。つまり、知らない所（土地勘のない所）＝危険と考えてしまうのです。そのお気持ちもわからなくはないのですが、そんな探し方で本当にいいのでしょうか？　地域を絞ってしまうとあなたが買える土地の出現率は低くなります。そうではなくて、できるだけ広い範囲の中から土地選びをするべきです。

私が主催するセミナーにある、土地選びのワークの中でとても強く感じることがあります。それは皆さんが固定観念に縛られ過ぎているということです。ある程度は仕方のないことだと思うのですが、土地という高額な買い物をする際には、固定観念に縛られることなくさまざまな視点から土地選びをする方が賢明ではないでしょうか？

土地選びには3つの要素があり、それは〝予算〟と〝ロケーション〟と〝サイト〟です。このうち予算はロケーションと密接な関係があります。ロケーションとは立地のことで、地図上においてどの位置かということです。予算とロケーションは密接な関係があると言いましたが、例えば、駅との距離が近ければ近いほど土地価格は高くなるのが普通だということです。駅以外にも学校校区、買い物施設、病院、公的施設との位置関係がどうであるかということがその要素になります。

サイトとは環境のことで、土地面積の広さ、道路幅、その土地の高さ、隣接建物の状況による通風や採光の良し悪しなどの要素があります。ここまで言うと勘の良い方はおわかりいただけると思いますが、土地選びの際に重視すべきはロケーションよりも、家族の快適な生活に関係するサイト（環境）の方なのです。

他にも土地選びに関して注意することがあります。

土地を探すのだからまずは不動産屋さんと、不動産仲介業者さんを通じて土地探しをする方も多いでしょう。率直に言うと、不動産仲介業者さんの報酬というのは成功報酬です。ですから仲介業者さんの最終目標はお客様との成約ですので、成約を阻害するような余計な情報をあなたに伝える事はほぼありません。宅地建物取引業法でお客様へ告知しなければいけない事は教えてくれますが、それ以外は教えてくれません。

実は、仲介業者さんがお客様に伝えないベスト3というのがあります。

第1位は売却理由です。

家の中で、事故や事件などにより人が死んだ場合は別ですが、それ以外の情報を告知する義務はありません。しかも、家の中で自殺をした場合でも、その家が既に取り壊されてしまっている場合には告知義務はないのです。また、自己破産等による倒産などが売却理由であっても同様です。

第2位は近隣トラブルについてです。

明らかでない境界トラブルや騒音、ゴミの収集場所等については告知義務がありません。Gハウスの近く（50メートルほどの距離）のお家、平日は静かなのですが、日曜日の午後になるとうちの事務所まで聞こえるほどの大音響の音楽を鳴らします。しかし。こういった事についても告知されることはありません。

第3位は嫌悪施設です。

「嫌悪施設」とは具体的にゴミ焼却場、火葬場、ガスタンク、下水処理場、火薬類貯蔵所、悪臭・騒音・振動などを発生させる工場、危険物を取扱う工場、高圧線鉄塔、墓地、ガソリンスタンド、その他大気汚染や水質汚濁・土壌汚染の原因となる施設、風俗店など住宅地としての品格を下げるような施設、廃墟、刑務所、精神科病院、食肉処理施設、軍事施設、原子力発電所とその関連施設等が挙げられます。いわゆる廃棄物を自宅に溜め込むゴミ屋敷や精神のおかしい人が近くに住んでいるのもこれにあたるでしょう。

ただ、「嫌悪施設」と感じるのは人により感じ方が千差万別です。例えば宗教団体などは、物理的な瑕疵とは違い客観性よりも主観性に基づくため、どこまで告知の必要があるのか不動産の担当者でも悩みます。

お客様へ告知する内容（程度）には明確な決まりがなく、お客様の判断に影響を及ぼす可能性がある場合には知らせるべきというとても曖昧なものです。そのため、物件を選定する際には必ず自ら現地に行き、その土地の周辺環境を調べるべきです。

さらに一度見に行くだけでなく、曜日や時間帯などを変えて調べてみると、周辺の交通量や通勤、通学、買い物をする人の流れ、聞こえてくる音などが変わり、より周辺環境がよくわかるでしょう。実は、ただいろいろ歩いてみるだけでなく、その地域に既にお住まいの方からお話を伺ってみましょう。ご近所のおしゃべり好きなおばちゃんを見つけて話をいろいろ伺うというのもとても有効です。

土地選びに関するお話をしましたが、ここでお話した知識を持っていただいたあなたにズバリ提案します。

土地の価格が高くなる「ロケーション」を重視するよりも、あなたの家族に快適な生活に密接な関係性を持つ「サイト」を重視することをお勧めします。

大阪の中心である大阪市内では、前にもお話しした通り土地の坪単価は80～150万円とどうしても高額になってしまうのですが、少し郊外に行くと半値近い40～50万円の坪単価の土地が結構あります。「ロケーション」を重視し、高い土地価格帯で手に入れるよりも、少し郊外で土地を購入し、質の高い住宅を建てて生活する方が、家族が幸せになるという目的を達成しやすいのではないでしょうか？

密集地ならではの工夫を

通風や採光は、快適な生活をするために欠かせない基本的な条件です。ところが大阪市内の場合、隣接建物が接近しているため特に採光を確保するのがとても難しい側面があるのはお話しした通りです。

これから土地を買う方であれば、一番簡単な解決方法として密集地でない郊外の土地を買うことで解決できます。しかし、建て替えの場合はそうもいきません。建物配置の工夫、開口部を増やす、窓の高さの工夫、建物中央部に採光のための中庭を設けるなどの間取りの工夫をしなくてはなりません。建物配置の工夫については密集地ですから、おのずと限界があります。

開口部を増やす一つの手段として天窓を設けることもできるのですが、冬季の結露が発生しやすい短所があり、これは最後の手段と言えそうです。また、開口部を増やすことは通風や採光に効果はありますが、その反面、断熱性能を下げることにつながりますので、樹脂サッシの採用やアルゴンガス入りのペア、もしくはトリプルサッシを採用することをお勧めします。

窓の高さの工夫とは高窓や床ぎりぎりの地窓を設けることです。採光のための中庭を設けるのは有効な方法ですが、それにより間取りの自由度が失われる恐れがあります。

通風に関して留意すべきことは大阪の風向きです。大阪の風向きとして、夏は南西の風、冬は北東の風という特徴があります。通風の主な目的は夏の湿気対策です。ですから南西の風をいかに取り込み、北東方向にいかに逃していくかが大事になってきます。

建物全体の通風を考えた場合、引き違いや片引き戸にすると良いでしょう。このことを基本に、各部屋に対角線上2カ所の窓を設けることが通風を良くする秘訣です。また、窓の高さを変えることで気圧差を利用し、風通しを良くするというのがこれまでの常識でした。

しかしこれからの考え方として、開口部に引き違いや片引き戸を用いるのではなく『はめ殺し窓』『ヨコ滑り窓』『タテ滑り窓』を使用すべきだと考えています。その理由として今お勧めしたものの方が引き違いや片引き戸よりはるかに気密性能が高いからです。

さらに、室内空気の清浄さを維持するためには通風による換気よりも、機械による吸気、機械による排気をする方が清浄さを保つことができます。

今Gハウスが採用している吸気においては8㎡もの面積を持つ空気清浄フィルターを通した吸気装置を採用していますし、排気には13箇所もの床下排気装置を採用しています。何故なら、汚染物質や臭いの元となる物質は空気よりも重いため、床下に排気口を設ける方がはるかに合理的だからです。それが証拠に、壁の上方に配置した換気扇では臭いが取れないので、芳香剤などを使い続けてしまいますよね。

部屋も大事ですが、床下や屋根裏の通風についても考えてみましょう。

まず床下です。地中熱を利用する工法や外断熱工法に見られるのですが、基礎と土台の隙間も断熱材ですっぽり被ってしまい床下に一切風を通さないという考え方があります。

今Gハウスでは、地中熱を最大限に利用するために基礎断熱工法を採用しています。ズバリ光熱費削減のために必要不可欠だからです。地中熱のコストは0ですから利用しない手はないでしょう。

屋根裏について言えば、屋根断熱を採用し、屋根面に通気工法を施したとしても夏場の屋根裏の気温の上昇を完全に止めることができません。(通気工法とは外壁と建物本体との間に空気が流れる層をつくることにより、温度や湿度などをコントロールする仕組み)ではどうすればいいのでしょうか? 答えは簡単です。屋根の断熱の厚みを必要なだけ増やせばいいのです。

太陽光発電については、前述した通りです。今すぐにつけるかどうかは別にして、将来的に太陽光発電を導入することを考慮されているのであれば、太陽光発電の導入を前提とした屋根にしておいてください。後付けの太陽光発電における屋根のトラブルは決して少なくないからです。

損得だけではなく、原子力発電に頼らなければいけない日本の電力事情の現状を鑑みて、私たち個人レベルでやれることはやるようにしませんか?

せっかくの家づくり、お金のことで失敗しないために

しっかり取り組み、住宅ローン破綻者には決してならない

7人に1人の割合で住宅ローン破綻者になり得るという可能性を知って、あなたは驚いたのではないでしょうか。しかし、これは事実なのです。

では、あなた自身がそうならないためにはどうしたらいいのでしょうか？　しっかりした資金計画を立ててから家づくりを始めるという順番をきちんと守る以外にそれを防ぐ方法はありません。

資金計画を立てるうえで大事な事を考えていきましょう。資金計画の前提となるのがその人の収入です。世間でよく言われる税込み年収ではなく、手取り収入です。なぜなら、住宅ローンの支払いは、税込み年収から支払うものではなく、手取り収入から支払うものだからです。

もう一つ大事な要素は支払い能力があります。お子さんに掛かる教育費は1人あたり最低でも1000万円～1500万円ほど、ずっと私立だと2000万円も掛かってしまい

ます。

当然ですが、お子さんの数が多ければ家計からの教育費の支出が多くなりますから住宅ローンの支払い能力が低くなってしまうということです。現在はお子さんが少ない方でも将来お子さんを増やすつもりの方はこのことも考慮に入れる必要があります。

では、実際に安心で安全な住宅ローンの支払い額を算出するためにどうしたらいいのでしょうか? まず最初にするのは、これまでの家計簿を精査することです。食費や光熱費、携帯代、保険等の毎月の支出を全部洗い出すことです。手取り収入からそれらの支出を差し引いた残りがあなたの住宅ローンの支払いに充てても良い金額となるのですが、当然のことながら毎月の支払いには入らない年間の予備費、冠婚葬祭費や医療費，衣料費なども実際に必要となりますよね。それらも考慮に入れたうえで安全安心な支払い額を算出するようにしましょう。

住宅ローンの支払い方式の中には、ボーナス併用払いという支払い方法もありますが、これだけは絶対にやめてください。現在のことだけを考えるならばいいのですが、将来的に定年退職までずっとボーナスが支給されるという保証はありません。何らかの理由によるボーナスの支給がなくなったり、現在に比べ減額される可能性を否めないからです。

なぜボーナス併用の支払い方式をやめてほしいのかと言うと、住宅ローン破綻者の中でボーナス併用払いをされている方が決して少なくないからなのです。ローンの支払い当初は問題がなかったものの、何らかの事情によりボーナス時の支払ができなくなってしまい破たんする人が意外と多いのです。つまり、ボーナス併用払いをする＝無理なローンを組んでいると思っていただいて間違いありません。ですから、現状だけを考えボーナスをあてにするようなローンは決して組まないでください。

頭の中を切り替え、ボーナスはあくまで臨時収入くらいに考えておく方が良いでしょう。ですから臨時収入であるボーナスは基本的に全部貯金に回すようなつもりでいてもらった方が私はいいと思います。これをしないと、これまでの習慣で買い物や旅行などを考える際に「次のボーナスで……」とせっかく支給されるボーナスも消えていってしまうからです。

さらに、人生は何時何時、何が起こるかわからないからです。あなたのご家族に何も起こらなくても、ご夫婦の親兄弟に何かあった時にどう対応しますか？　ボーナスを貯蓄しておけばその貯金で対応することもできるでしょうが、常に生活がいっぱいいっぱいのうえ、貯金がなければ他所から借金をしなくてはならないようなことにもなるでしょう。よくテレビのコマーシャルに出てくる都市銀行のフリーローンでも年利7から13%の高金利です。住宅ローンの支払いもあるのに更に借金をするとなるとますます家計が厳しくなるのは明らかですよね。

決してあって欲しくないことですが、万が一、住宅ローンの支払いが苦しくなった時にはどうすればよいかもお伝えしておきます。

支払いが苦しくなりそうな時点で、すぐにローンを借り入れした金融機関に行って相談してください。金融機関によっては相談に乗ってくれるだけでなく、対応策をアドバイスしてくれることもあります。ただし、ビジネスライクな金融機関はまるで駄目なのですが、政府系金融機関や紳士的な風土の残っている銀行であれば、可能性は大いにあります。

みなさんが住宅ローンの借入先を選択する場合、条件面だけを見て、決める方が多いようですが、万が一のためにこんなことも考慮に入れておき、借入先を選択する際の比較検討材料として考えてみるのが良いのではないでしょうか?

話を元に戻しますが、その後やるべきことは算出された家づくりのための資金を基にしたライフプランニングです。ライフプランニングとは、ご家族の人生に今後起こり得るさまざまなライフイベントを「何歳ごろ……」「何年後……」と時系列で予測し、そこに夢や目標をもプラスしながら年表形式に人生設計をしていくことを言います。

例えば、お子さんをもう一人欲しい、お子さんの高校や大学への進学、自動車の買い替え時期、ご主人の定年退職等々を年表形式に書き出していくのです。そうすることで大きな出費が必要な時期や内容を把握しやすくなるのです。つまり、この予算で家づくりをした場合、将来にわたっても住宅ローンを問題なくきちんと払っていけるかどうかを確かめる大事な作業です。

そのようにして、自分にとって安全安心なローン支払い額を算出できたら、その支払額で借りられるローンの額を金融機関が本当に貸してくれるかどうか確かめるために、必ず事前審査を受けてください。なぜなら、万が一、貸してくれなかったり、貸してくれても減額された場合、予算が変わってしまうからです。

ここで注意してほしいのは、事前審査はあなたのローン借入先を特定するものではありませんが、事前審査にパスしたからといって、本審査に必ず通ることを保証するものではありません。

住宅ローン、知っておかなければならないこと

この章ではあなたの家づくりに必要な住宅ローンの知識に触れてみます。

あなたが家づくりを始めた、始めようとしているきっかけは何ですか？　あなたが払っている現在の家賃金額と住宅ローンの返済額にそんなに差がないことがわかったことで、家づくりを始めようと考えた方もいらっしゃるのではないでしょうか？　ところが、現在の家賃と住宅ローンの支払いはそもそも比較になりません。

例えば、毎月8万円の住宅ローンを支払う場合、そのうち元金の返済に当てられる金額はローン開始当初、約3万円にすぎません。そもそも比較の対象ではないのです。

今日本には、住宅ローンの種類が4000種類以上あると言われていますが、返済方法はたった2つしかありません。〝元利金等返済〟と〝元金均等返済〟です。

元金均等返済の方が総返済額は少なくて済むのですが、元利金等返済と比べて毎月の返済額が多くなるのでほとんどの方が元利均等返済を選択されます。元利均等返済の仕組みは、当初返済額のうち元金返済に当てられる額が小さく、最終返済日に近づくにつれ元金返済に当てられる額が多くなるというものです。

例えばあなたが、3000万円を金利1.46%、35年返済で借り入れるとします。毎月の返済額は9万1268円です。そして、既に5年間返済したとしましょう。その時の総返済額は547万6080円となるのですが、元金は411万8588円しか返済されていません。住宅ローンは金額が大きいだけでなく返済期間も長期にわたるため、右の例のように5年間返済しただけでも、このように総返済額と元金とには大きな差が生まれてくるため、〝元利金等返済〟と〝元金均等返済〟の返済方法についてよく考えなければなりません。

住宅ローンには、年間返済比率というものがあります。これについてもここで少しご説明しておきます。

住宅ローン年間返済率とはお客様の年収に対し、住宅ローンに充てても良い金額の割合が予め決められています。フラット35の場合を例にとると、年収400万以上の方なら年間返済比率35%、400万円未満の方には年間返済比率30%という規定があります。

これを具体的に表すと、年収が450万の方なら450万円×35%＝157万5000円となり、これを12か月で割ると、月額支払い可能額は13万1250円となります。

年収400万円未満である年収380万円の方なら380万円×30％＝157万5000円となり、これを12か月で割ると、月額支払い可能額は9万5000円となります。

ここで注意してほしい点は、年収というのは税込み年収です。さらに、ここで示される金額というのは規定に基づき算出された月額支払い可能額だということです。ですから、単純に年収から算出された月額支払い可能額を鵜呑みにしてはいけません。これは、あなたが借り入れする際の支払い可能額であって、言い換えるならば最高限度額と言える金額なのです。そして、これはとても大事なことなのですが、あなたが借りられる額とあなたがこの先、安全安心に返済していける額とは別物だということなのです。

年収にしても税込み年収と手取り年収では相違があるように、本来であれば手取り年収で規定に則った計算をすべきだと思っています。

金利の種類もたった2つしかありません〝変動金利〟と〝固定金利〟です。

変動金利とは情勢により可変性を持つ金利、固定金利とは返済完了まで変わることがない金利です。これについては、できるだけ固定金利を採用してください。変動金利の場合には金利変動によるリスクがあります。3000万円を35年返済で借り入れして、もし金利が1％上昇するだけで支払い総額はなんと680万円も変わってしまうのです。

「入る」を図って「出る」を制す

「貯金をしたいとは思っているけどもなかなかうまくいかない……」

そう思っている方は決して少なくありません。家づくりをきっかけに、しっかりと貯金ができる家計体質に切り替えることを強くお勧めします。

「えぇ〜、そんなことができるの？」

と思う方もいるかもしれませんが、そのキーポイントは意識改革にあるのです。

今までは「収入－支出＝貯金」つまり毎月の収入から支出を差し引いて、残った中から少しでも貯金をしようと思っていませんでしたか？ そうではなく「収入－手取り収入の15％を先に貯金＝残りから支出をやりくり」に意識改革するのです。

そうは言っても、方法を知り意識改革を思い描いてもそれだけでは実現しません。

「貯金しようと思っているんだけど……」だけでは決して実現しないのです。

では実現できるようになる具体的な方法をご説明しましょう。

給与振込の口座はお持ちですよね。それ以外に4つの口座を作ってください。

まず貯金専用の口座です。この口座は、一旦入金したら絶対に出金しないようにします。

2番目は引き落とし用の口座です。この口座は住宅ローン等の引き落とし用として使用する口座ですから、手をつけようがありません。

3番目は毎月の生活費のための口座です。毎月の生活費に必要な分だけ入金するようにします。

最後の口座は生活費の年間予備費用の口座です。冠婚葬祭費や固定資産税等年間で必要な支出のための口座です。もし、毎月の生活費から不足が生じた場合は、年間予備費用のこの口座から一時的にお金を引き出しますが、この口座から使った分は必ず3カ月以内に返済をしてください。このルールを確実に守ってもらうと必ず貯金ができます。

これとは別に「収入を増やす」という考え方があります。方法としては、副業という手もありますが、だいぶ緩やかになったとは言えお勤め先のルールなどによってあまり現実的な方法とは言えません。今までのライフプランシュミレーションの経験から言わせてもらうと、専業主婦の奥さんが何年間かパート勤めをされるだけでも家計のキャッシュフローは随分と変わるのですが、その前にまずにやるべきことは支出を削減するための工夫や取り組みです。

例えば携帯電話。ご夫婦2人で月に1万円ちょっとの料金を払っておられませんか？ MVNOという事業者へ契約先を切り替えてみるのはいかがでしょう。MVNOとは、携帯電話回線を他の通信事業者（DOCOMO、au）から借り受け、独自のサービスを付加して提供する企業のことです。その手順は次の通りです。

1．SIMフリーの携帯を購入する。（イオンやヨドバシカメラで購入可能です）
2．MNP（番号そのままで他社へ切り替え）する
3．FREETELと契約する（DOCOMO）、AUの場合はMINEOという事業者

現在、ほとんどの携帯電話には契約者の情報や電話番号が記録されている「SIMカード」が挿入されています。これを挿し替えることによって簡単に機種変更が可能になっています。しかし、国内キャリアから販売されている多くの機種には、そのキャリアの「SIMカード」でしか通信できないようにロックがかけられています。このように他社のSIMカードでは通信できないようする仕組みを「SIMロック」と言います。

例えば、DOCOMOの機種であればDOCOMOのSIMカードを挿入しないと通信ができません。この逆でSIMカードにロックがかかっていないものがSIMフリーです。DOCOMOは月額6500円（カケホーダイ＋通信2GB）FREETELは月額

1480円（通信2GB）＋通話料（無料通話のできるラインやスカイプを使いましょう）

こうすることで、現在ご夫婦で1万3000円の携帯料金がなんと3000円に！　月額約1万円も減らすことができます。ちなみに月に1万円という金額は、住宅ローンで換算すると35年払いだとすると300万円のローンが支払える金額に相当するのです。

支出の削減として携帯電話の契約見直しだけでなく、当たり前のように加入している生命保険も一度見直してみることをお勧めします。

今まで多くの方が、家族に何かあっては困るからと、病気や怪我での入院した時のために加入している医療保険ですが、これは本当に必要な保険なのでしょうか？　これを機に解約されてもよいのではないでしょうか？

これを読んだあなたはきっと

「医療保険を解約？　だって……」

と思われたことでしょう。

しかしこれにはきちんと理由があるのです。その理由をこれから説明いたします。

理由1　支払った分を受け取ることができない

（例）30歳男性医療保険月額支払額３３００円の場合、総額で３３００円／月×12ヶ月×50年（平均寿命までの年数）＝１９８万円払うことになるのですが、価格ｃｏｍの入院費用・相場シュミレーションで入院日数の計算を見てください。

・36日（平均入院日数）×１／２（入院する確率）＝18日

・18日×１万円（入院１日当たりの給付金）＝18万円

仮に最高額の手術給付金を受けたとしても18万＋40万円（最高額の手術給付金）＝58万という結果を考えてみると保険のメリットは見出すことはできず、結局１４０万ものお金が損になるのです。

理由2　入院してもそれほどお金はかからない

健康保険の保障の中に「高額療養費」というものがあります。健康保険を使った治療を行う場合に１か月の治療費が約９万円に制限できるというものです。高額療養費を利用することで、９万円以上の治療費が保障され９万円になります。ちなみに９万円の支払いが３か月以上続く場合は、４か月目からは４万４４００円ですむようになります。

入院した時にかかるお金で一番高いものが差額ベッド代です。病院側は入院時に記入する書類に「差額ベッド代に関する同意書」というものを出してきます。何も知らずに同意書に署名してしまうと差額ベッド代を支払うことになってしまいます。

実は、この書類に同意せず署名入しなければ５０００円×30日＝15万円の差額ベッド代の負担がなくなります。同意書に署名せずに病院側から文句を言われるようなことがあったら「この件について、厚生労働省に相談します」と言えば、それ以上はもう何も言ってこなくなります。

理由3　サラリーマンであれば収入も確保される国民健康保険ではなく社会保険に入っていれば「傷病手当金」という保障があります。

これは、病気や怪我で仕事を４日以上休んだ場合に給料の３分の２を１年半にわたって保障してくれるというものです。

この保障のおかげで、入院中は働いていないからといって収入がゼロになるわけではありません。また、有給休暇が取れればまずはそれを消化して、それでも足りなければ傷病手当金をもらうことができます。

さらに、終身保険や学資保険もよくよく計算してみると、あまりメリットがないことに気が付かれることでしょう。

年金保険を掛けている方も多いと思いますが、個人年金保険を掛けることよる税金のメリットより、確定拠出年金（日本版４０１Ｋ）で返ってくる税金のメリットの方が4倍も高いんですよ。原則60歳まで資産を引き出すことができないのは一見厳しいようですが、確定拠出年金に加入すれば必ず老後資金が確保できるということでもあるのです。

いかがでしょうか？　これまで保険と言えばあまり気にすることなく、社会人になったら…、結婚したら…、子供が生まれたら…という節目に、いざという時のためにと漠然と加入されていた方も意外と多いのではないでしょうか。さらに保険に加入する際には、詳しい内容よりもわかりやすい、どんな時に、どのくらいの保障でという部分を気にして加入されていたのではないでしょうか。

きちんと保障内容を理解すれば、ここでご説明したようにに思ったほどのメリットがない保険もあるのです。保険も決して安い物ではありません。家計の見直しをするにあたり、今一度あなたの加入している保険についても見直してみてください。

あなたの家づくりだからこそ、あなたにもできることがある

建物に対する最低限度の知識は身に付けておきましょう

家を実際に建てるのは住宅会社や工務店です。しかし、その建てる家はあなたとあなたのご家族の夢のマイホームです。「素人なので専門家に任せるしかない」ではなく、あなたとご家族が安全安心で快適に暮らす家を建てるために、ここでは良い建物に求められるいろいろな性能要素についての説明とそれを満足させる具体的方法についてご説明します。これを理解し、単に業者からの言いなりになることなく良い家づくりを進めていきましょう。

【1】耐震性

まずは、2階建てであっても必ず構造計算をすること。構造計算によってわかることは単に耐震性だけではなく、風に対する性能、建物の自重に対する性能、揺れに対する性能、変形に対する性能、捻れに対する性能を確かめることができると前述した通りです。

地盤調査結果については、調査結果を必ず見せてもらいそのうえでしっかり説明を受け

てください。地盤改良をしていくかどうかの判定は1つの判定機関だけではなく、セカンドオピニオンも必ずとってもらうようにしてください。

関連する工法について、少し具体的なご説明をさせていただきます。

工法には免震工法、制震工法、耐震工法の3つがあります。この順番通りに効果性が高いのですが、コストも効果性に比例します。

免震工法はお家一軒で約700万円位の費用が掛かります。地震が発生した時に、水や空気を利用して土台から建物を切り離すというものです。

制震工法を採用した場合のコストは、一般的な大きさの建物で2階建てだと36万円、3階建てだと54万円でしたから、免震工法と比べるとその費用は約10分の1ほどです。ショックアブソーバーのような機能を持つ制震金物を構造体の必要な箇所に取り付け、本来の揺れの2分の1ぐらいに軽減するというもので余震対策にも有効です。地震の後、建物が使えない場合の多くは、余震が頻発する中で釘が抜けたり、構造材が破損することによることが多いそうです。

耐震工法とは、鉄筋コンクリート造、ツーバイフォー工法に代表される工法です。前述した長期優良住宅の実験で倒壊した原因は、ある部分に力が集中しその箇所が破損したことによるものでした。阪神淡路大震災、東北大震災でツーバイフォー工法の建物だけが倒壊しなかったのは、ツーバイフォー工法は建物全体の構造材を釘打ちするため、地震の力が1か所に集中しないからです。そのおかげで他の工法はすべて倒壊の事実がありますが、ツーバイフォー工法だけは倒壊がなかったのです。

私個人の意見になりますが、耐震等級2〜3のツーバイフォー工法の建物に制震金物を付けるという工法がベストではないかと思います。本来木造は柔構造だからです。

【2】耐火性

世界貿易センタービル9・11事件でたくさんの死傷者が出たのは皆さんもご存知でしょう。そして、テレビなど放映された事故現場には多くの消防士が映っていたのをご覧になった方も多いでしょう。

この屈強なアメリカの消防士さんが、普段の消化活動において家の中にいる人を救出するのをためらう建物が鉄骨造の家なのだそうです。鉄骨造の建物は500度以上の温度になるとアメのように曲がってしまい、救出に入る消防士さんの殉職してしまう可能性が高くなるそうです。それに対し、木造は表面が炭化しすぐには崩れにくいようです。

特にツーバイフォー工法はファイアーストップ材という部品が壁の中に組み込まれており、とても火災に強い建物だと言われています。その証拠に、省令準耐火構造という認定を受けており、在来木造である場合に掛かる火災保険の金額が約半分で済むのです。

【3】耐水性、防雨性

耐水性については、材料そのものの耐水性と施工方法による耐水性をそれぞれ考慮する必要があります。材料の中でも木質系の構造用面材について検討しましょう。主に、構造用合板とパーティクルボードの2種類使われています。

パーティクルボードとは木材の小片を接着剤と混合し熱圧成型した木質ボードの一種です。木材の裁断サイズにより大きく分類され、配向性ストランドボード（ＯＳＢ）↓パーティクルボード↓中密度繊維板（ＭＤＦ）の順に裁断は小さくなります。

ＭＤＦは通常家具の材料などに使われ、構造用面材としては通常使われていません。結局、ＯＳＢ、構造用合板、パーティクルボードの三種が使われるわけですが、パーティクルボードの中でもノボパンと言う材料は他の2種に比べて、吸水率が約半分です。

吸水率が低いという事は、材料の膨張率が低いということにつながり、後々の面材の収縮率が少なくなることで、壁材のひび割れなどを防ぎます。

施工方法による耐水性で注意すべき箇所は、基礎において既存の底盤と立ち上がり部分との間の打継部分に止水材が打たれているかどうかです。

打継部分は通常地面より5㎝上がったところにあるのですが、道路が冠水するような事態になれば、その打継部分から水が侵入します。侵入した水は基礎の鉄筋を錆びさせる要因となり、建物の耐久性を悪くする要因になり得ます。

【4】防蟻性、防腐性、難燃性

これらの効果を高めるために、ぜひ使っていただきたい建築材料があります。

それはホウ酸塩鉱物を主原料とするエコボロン（商標）です。防蟻剤といえば通常、無農薬系のものが使われています。アトピーやシックハウスの原因となる事例が多かったため、最近はその濃度を薄めて使用されています。（住宅金融支援機構の仕様書にも示されているように、防腐・防蟻措置を講ずる箇所は、構造耐力上必要な部分のうち、地面から1mの範囲内とされていますが、Gハウスの標準仕様では、1階床面から1mの範囲に塗布しています。）

オプションにはなりますが、私はホウ酸系の防蟻、防腐、難燃に効果のある「エコボロン」を全構造材になることをお勧めします。このやり方はアメリカでは全棟に義務付けられています。効果は水で洗い流されない限り、半永久的です。農薬系のものと比べるとだいぶ費用は高くつきますが農薬系の防蟻剤を5年に1回、再塗布することを考えれば、はるかに安いランニングコストとなるでしょう。第一、農薬系の防蟻剤の効果を継続させるためには、5年に1回再塗布する必要があるというけれど、壁の中の構造材にはどうやって塗るのでしょうか?

【5】気密性、断熱性

気密性の良さ＝省エネ性能の高さと言ってよいと思います。建物の中の空気が外に漏れにくいということ、そして外の空気が中に入ってこないということは、中で暖められたもしくは冷やされた空気が外に逃げないということですし、外の熱い空気や冷やされた空気が家の中に入ってこないということだからです。つまり暖房や冷房がよく効き、しかもその効果が継続しやすいということです。ちなみにツーバイフォー工法は他の工法と比べて、気密性が極めて良いということで知られています。

【6】収納性、動線

不動産屋さんのチラシを見るたびに思うことがあります。それは何かというと、収納があまりにも少な過ぎることです。さらに、LDKに収納がほとんど無いということです。

Gハウスでは、普段毎朝30分かけて、社員全員でしていることがあります。それは「環境整備」というものです。創業が平安時代初期と伝えられる京都の伝来工房社長であり、友人の橋本社長に教えていただいたことがあり、家づくりと関係のないお話だと思われるかもしれませんが、少しご説明させていただきます。

「三定」と呼んでいるのですが、これは「定位置・定品・定量」の略です。ある物が、常に決まった位置に戻され、欠品を起こさない範囲での最小在庫に収まっている様を表しています。

詳しく紐解くと、

1．最も生産効率の上がる場所に

2．決められた場所以外に置けない仕組みで

3. 欠品を起こさず、かつ最少の量が保たれ
4. それが最も使いやすく
5. かつ戻しやすく
6. しかも管理しやすく
7. そして美しい状態であること

となります。

最少在庫を実現するには良く言われる「断捨離の精神」も必要かもしれませんが、あなたのご家庭においてもこれが実現出来たら、とても良く片付いた快適なお家になると思いませんか？

そのためには、適切な位置に、適切な量の収納スペースが不可欠となるのです。

また、動線で大事なことは、家事動線を優先することです。お家における活動時間を考えた場合、奥さんの家事をする時間がとても多いことに気が付くはずです。ご主人は奥さんの意見を尊重してあげてください。結果的にご主人が希望する趣味の部屋や書斎が部屋ではなくスペースとしてしか残らないかもしれませんが……。

【7】施工の工夫性とトータルコストとの関係

排水管については、天井内の横配管をなるべく避け、できるだけ近くの外壁を貫通して外部に排出しましょう。こうすることにより排水管の騒音の問題も最小限にできますし、何よりアフターメンテナンスの費用が少なくて済みます。

機会があればぜひ街を歩いた時、各家の路地を見てください。排水管が基礎の立ち上がりの壁から出ている場合、アフターメンテナンスを考えた施工です。そうでなければ、アフターメンテナンスを考えることなく、基礎の下を通る配管をしているケースが多いでしょう。この場合、もし今後大きな地震が起こった時、破損箇所をどんな方法で補修するのでしょうか？

これまでご説明させていただいたように、制震ダンパーをつけること、耐水性のある構造用面材を使うこと、防蟻性、防腐性、難燃性を良くするために、ホウ素系のエコボロンを使うこと、排水管については、天井内の横配管をなるべく避けて、できるだけ近くの外壁を貫通して外部に排出すること、特に1階床下排水管については、基礎の立ち上がり壁を貫通して外部に放り出す施工をすることなどで、後々のランニングコストやメンテナンスに関わる費用を大幅に削減することができます。

家というのは5年、10年の物ではありません。当然ながら定期的な今後のメンテナンスも考慮しながら質の良い家を手に入れていただきたいと考えています。

あなたが実践すべき、正しい家づくりの手順とは

前章で「家づくりをする方にとって、契約に至るまでに色々な仕事をする必要があります。今話した資金計画もそうですし、建てるお家の間取りも考えなければいけません。土地のない方は土地探しもしなければいけません。結構大変です。でもその前にあることをすれば、とても楽チンにしかも、あなたにとって価値のある結果を残すことができます。それが何かについては後ほど……」とお話しました。

ここでは、その答えをあなたにお伝えいたします。これは決して難しいことではなく、実はとても簡単なことです。

まずは、家づくりの手順の1番最初に、あなたの家づくりのお手伝いをしてもらうパー

トナー＝建築業者さんを決めるということです。なぜかと言うと、良い建築業者さんを選ぶことができたら、あなたに合わせたきちんとした資金計画をしてもらえます。間取りを考える時も、あなたのニーズと予算にマッチした良い間取りを考えてもらうことができます。土地探しをする時も、あなたが気にいった土地があれば、どんなお家を建てることができるか、そして、どれくらいの総額が掛かるかについても、的確なアドバイスをしてもらうことができるからです。

ではどうしたら良い建築業者を見つけることができるのでしょう?

建築業者選びで失敗しない5つのポイントがありますのでご紹介します。

1．責任者（社長がベスト）のポリシーを確認

家づくりにおいて、その会社の代表者の姿勢や情熱というのは重要なことだと思います。単にその会社のホームページやカタログに書いてあることを鵜呑みにせず、まずは、実際に会って「家づくりに関する考え方」や会社の理念を確認してください。

その会社のトップである社長を信頼できるかどうかは、あなたの家づくりにとって非常に重要なことなのです。

2. 担当営業マンの人間性は信頼に値するか？

なぜその会社に決めたのか？　というアンケート調査で必ず3位以内に入る要素があります。それは「営業マンが良かったから」というものです。

本質的に営業マンの立場としては自社の商品の長所ばかりをお話しする傾向がありますが、長所と短所は裏表です。ですから、短所についても誠実に話をしてくれ、短所をカバーできる手段や方法を提案してくれるような営業マンは信頼に値するのではないでしょうか。

これとは別に意外と見逃しがちなのが、その営業マンとお客様との相性です。あなたとの相性という観点からも営業マンの人柄を確かめてください。

3. プラン作成時にプロとしての提案があるか？

土地探しにおいて、立地（ロケーション）を優先しがちなあなたでも、実際に家を建てるとなると、その土地の環境（サイト）が重要な要素になってきます。

例えばその土地の向きです。大阪は、夏は南西の風、冬は北東の風です。それらを踏まえて、窓の位置については風向きを考慮したうえで、適切なアドバイスをしてくれるかどうか？　太陽光発電に適した屋根を提案してくれるか？　簡単に言えば、あなたの立場に立って考え、共同作業で家づくりをしてくれる営業マンが、良い営業マンだと思います。

4．その会社で建てた家に案内してくれるか？

案内された時に、その家の持ち主さんからいろいろとお話を伺ってみましょう。打ち合わせが丁寧であったとか、ニーズを十分に反映した家づくりができたかとか、アフターが本当にしっかりしているか、案内されたこの時に直接確認すればよいのです。

私のセミナーを聞きにこられた方からこんな話を伺ったことがあります。

大手住宅メーカーさんだったと思うのですが、建て替えを検討されている方が何回もその担当者に、実際に建てた家へ案内してほしいとお願いしても、あれやこれやと理由をつけ、結局その会社で建てた家へは案内してもらえなかったというケースがありました。

論より証拠ではありませんが、できたら2軒ほど案内してもらうことをお勧めします。

これまでにお話をしてきたような、ちょっとした施工の工夫で、あなたの家の安全性能、耐久性能、快適性能、機能性能、トータルコスト性能が大きく変わってくることがおわかりいただけと思います。

ちょっとしたこととは言え、工夫することで多少のイニシャルコストは上がりますが、トータルコストを考えるとその方が全然お得なので、このあたりのことを掘り下げて聞いてみるのも良い建築業者を見つけるためのコツと言えるでしょう。

患者さんが良いお医者さんのアドバイスに従って健康を取り戻すように、家づくりも良い建築業者さんを見付け、適切なアドバイスをもらい、良い家づくりをするという考え方は、オーソドックスではありますが一番効果的な方法だと思います。

家づくりにおける家族の話し合いは、それぞれが納得するまで何度でも

家族間の話し合いが不十分であることは前章の指摘で理解できたけれど

「実際には、一体何を話し合えばいいのかよくわからない」

という声が聞こえてきそうです。

その答えは

『家づくりに必要な全てについて、ご家族で納得するまで話し合ってください』

です。

これはあるところで聞いた話ですが、「買い物」とは本質的には「妥協」以外の何物でもないそうです。どれだけ予算があっても、１００％満足できる買い物はこの世に存在しないのだとか。

限られた予算の中で工夫しながら進めなければならない「家づくり」であればなおさらでしょう。こう聞くと、あなたやご家族にとっての満足にできるだけ近い「妥協」をしたいですよね。

ではどうすればいいのか？

【優先順位を決める】以外にありません。

家づくりで必要とされる「選択」の基準を作る必要があるのです。つまり「優先順位」を決めるということです。何について決めるのかというと、できるだけ多くのこと、そして可能な限り全てです。家族とは言え、当然生い立ちや生まれ育った環境や人生経験は違います。ですから何か物事を決めるのに、その基準は違っていて普通なのです。そういったことから、いざ「選択」しなければいけないその場で話し合ってもなかなか答えが出ずに平行線であることが多いのです。

そうではなく、前もって話し合いのうえ「優先順位を決め、その理由も書いておく」という方法が正解だと思います。この方法は価値観の違いを調和させるという役割も果たしますし「選択」に迷った時、家づくりの原点を思い出すという効果ももたらします。

例えば土地探しをする時、土地を見学すればするほどどれに決めたら良いのか迷いだす方が少なくありません。なぜかと言うと土地はそれぞれ、予算、立地、環境が違うため、世界にたった一つしかないからです。迷った時は「家族で話し合った結果の優先順位とその理由」を見返しましょう。

さらに掘り下げて言うと、その優先順位の高いものにお金を費やすのです。家づくりといっても買い物であるのですから、当たり前だと言えば当たり前なのですが……。では、具体的に『何』について話し合いをすれば良いのか、いくつかの例を挙げておきます。

【土地】

・価格
・ロケーション（学校区、通勤、買い物、自然、景色）
・サイト（隣地建物の状況、広さ、日当り、水害、公害）

【間取り】
・家事動線、趣味の部屋、リビング、部屋数、寝室
（収納、シューズクローク、ロフト、明るさ、吹き抜け、リビング階段、和室）

【お金】
・ローン返済額、貯金、金利、返済年数　他

【ライフスタイル】
・スポーツ、家庭菜園、教育費、老後費用、共働き、ペット　他

【外観】
・シンプルモダン、ナチュラル、南欧風、北欧風、輸入住宅風　他

【庭】
・ウッドデッキ、芝生、家庭菜園、花壇、植栽、アプローチ、駐車スペース、ドッグラン、門扉、塀、フェンス　他
・建物の仕様や設備
（オール電化、ガス、灯油、太陽光発電、キッチン、トイレ、ユニットバス、クロス、床材、自然素材、断熱性能、暖房　他）

【耐震、台風対策等】

・工法や部材

いくつかの例を挙げましたが、これらに限らずあなたやご家族が望む物をどんどん挙げていき、さらにその理由もそれぞれを明確にして書き出しておくことが、最終的な優先順位を判断する際の重要な要素になってきます。家づくりにおいて、最も楽しい時間となる話し合いですので、ご家族の考えを思う存分出し合ってください。

コラム　私の楽しみ3

スキューバダイビングやゴルフなど、アウトドアでの楽しみとは別にインドアでの楽しみとして、私は映画やTVを観ることにハマっています。季節や天候に左右されてしまうアウトドアでの楽しみとは違い、自分のちょっとした空き時間でもじゅうぶん楽しむことができるので、この手軽さがハマってしまったポイントです。

私の母が若い頃、映画といえば3本立てでの興行が当たり前だったようです。私が若い頃は2本立てでの興行が普通でした。3本立てや2本立て興行というのは、一度入場すると3本、または2本の映画が観られるというものです。

その組み合わせは映画館によって違っていて、私の若い頃は加山雄三さんが演じる青春モノとゴジラ映画とかの組み合わせがありました。今の若い方には想像がつかないでしょうね。

最近では、映画館に出掛けるというよりはインターネットによるアマゾンやドコモなどさまざまなところから出している見放題のコンテンツがあります。

実は私はアマゾンプライム・ビデオとドコモのdTVの両方とも契約しています。これまでに多分2000本以上の映画やドラマを観ていると思います。

このことを知り合いに話すと、

「映画やドラマは作り物なんだから、そんなものを観ている時間がもったいない」

と言われるのですが、そう言われても時間があると観てしまいます。

確かに、映画やドラマは作り物には違いありません。それでも、登場人物や主人公を通してほかの人の人生を疑似体験しているような感覚が好きなので、ハマってしまうのです。さらに、観ているうちに何かしら『希望』が湧いてくる気がするのです。


中でもいわゆる韓流ドラマには結構ハマっています。

多くの映画やドラマは話の流れがある程度パターンかされているのですが、そのオーソドックスな流れである、ありふれた日常↓主人公やその周りで事件が起こる↓その事件、辛さや悲しみを乗り越える↓ハッピーエンドとわかっているのですが観てしまうのです。

私が思うに、韓流の映画やドラマは日本の映画やドラマと比べて、俳優さんの感情表現や表情が豊かに感じるせいなのかついつい観入ってしまうのです。


そういえば、亡くなった父親もよく観ていたドラマが水戸黄門でした。

水戸黄門といえばまさに勧善懲悪のストーリー仕立てが特徴で、何作にもわたり愛されてきた人気ドラマでしたが、母の映画好きと併せて考えると、私が今こうして映画やドラマ好きなのは血筋なのかもしれませんね。

第4章　家づくりを成功させた方々の実例

地盤改良の判断における実例

前章で地盤の話をさせていただきました。ここでは、お客様の実例に基づき地盤改良についての実例をご紹介させていただきます。

A様の土地を判定機関によって地盤の調査を行い、その結果が出てきた時のことです。調査結果を見ると、地面より2m位下まではとても良好で健康な地盤でした。ところが、2m地点から10m地点までの地盤は最悪の結果でした。この部分の地盤がとても悪い地盤だったのです。

しかし、判定機関からもたらされたのは『地盤改良不要』というものでした。つまり地盤改良の必要はありません、ということです。

この判定結果に対して私は違和感を覚え疑問を感じました。なぜなら建物の重みは地盤面から10mくらいまで影響することを知っていたからです。そこで、私はその判定機関に電話を入れてこの地盤調査について伺うことにしました。その時の会話は次のような感じです。

「調査結果を拝見しましたが、なぜ改良不要なのですか？」

判定員の方の答えはこうでした。

「いろいろな面から考察した結果、こういう結論に至りました」

「できれば、その判断基準のような、例えば数値的な基準とかがあれば教えてください」

するると

「この調査に数値的な判断基準はありません」

「ではどのように判定されておられるのですか？」

「判定員の学識とこれまでの経験により判定しています」

という答えでした。

「では最後に聞かせてください。もし、あなたご自身がこの土地にマイホームを建てられるとしたら、地盤改良はしませんか？ ここだけの話、どうされるのか教えていただけますか？」

と聞くと、ちょっと間をおいて

「私がこの土地にマイホームを建てるなら、地盤改良を行います。ただ、私たちの機関はできるだけ消費者の方々の出費を抑える方向で判定するようになっています。そのため、このような結論に至りました」

とのことでした。

　一般的な工務店なら施主さんに
「この土地での地盤改良はしなくても良いという結果が出ました」

という報告で終わるケースがほとんどだと思います。

　私はいつも、地盤調査の報告書を施主さんにできるだけ詳しく説明するようにしています。今回のケースでは
「この調査結果に対し私の意見としては、法的には問題なく、地盤改良をする義務はありませんが、私としては地盤改良されることをお勧めします」
とその理由（判定機関の判定員さんとの会話内容）とともにお伝えしました。
　結果的には、施主様が私の意見やアドバイスに耳を傾け、ご理解いただいたことで地盤改良工事をすることになりました。地盤改良工事によって出費も増えることになるのですが、この工事の重要性をしっかりご理解いただいたこともあり、施主さんも喜んでいただけたようです。

確かに出費は増えたものの、100年位の寿命を持つお家を建てるのですから、計算すると年に1万円程度掛かるかどうかほどの金額でこれから先の安心を手に入れることができるという価値をおわかりいただけたようです。

また、この施主様とは別にこんな方もおられましたのでご紹介させていただきます。

地盤調査はこれから建てようとする建物の中心と四隅の5点をスウェーデン式サウンディング試験にて地下10mまで調査するのですが、その方の土地では四隅の内の1点だけが軟弱な地盤ということが調査の結果わかりました。ところが判定機関の結果は、やはり『地盤改良不要』でした。

もしあなたがこの施主様ご本人だとしたら……、5点の調査結果のうち1点の結果が悪かったとしたら……気になりますか？ それとも気になりませんか？

私はこれまでお客様とともにご家族が安心安全に暮らせる家づくりに取り組んできましたので、例え1点とはいえその結果が悪いということに目を瞑る気にはなれません。

そのため、施主さんにその調査結果を見せ、現状をご説明したうえで施主様ご自身の判断を仰ぎました。

すると

「ご説明いただいたうえで、やはり気になるので何とかして欲しい」

というお答えをいただきました。

ただ、その1点に対して通常の地盤改良工事をすると費用も高額となるため、軟弱な地盤部分だけを地盤の固い部分まで深く掘り下げ、一旦撤去したのち硬化剤を混ぜて埋め戻すと言う方法をご提案し、その方法で地盤改良を行いました。

この方法によって費用は15万円弱で済ませることができました。通常の地盤改良工事に比べ費用も抑えられたことに加え、安心を手に入れることができた施主さんはとても喜んでくださいました。

大阪の土地価格の高さを克服した実例

ここでは大阪特有の土地価格の高さを克服されたお客様の実例をご紹介させていただきます。

ご主人は大阪市内でお勤めしておられる方でした。最初は大阪市内から少し外れた郊外で土地を探しておられました。ご夫婦ともに田舎育ちということで、広い土地に家を建てたいと考えられていたのですが、大阪市から少し離れたとはいえ当然そんな安い土地はなかなかありません。極稀にあったとしても非常に長い専用通路の奥にある土地であったり、もし家を建てるのであれば許可が下りないであろう擁壁に囲まれた土地であったりと特殊な土地くらいしかないのです。

それでもいろいろと土地を探していたのですが、3か月ほどしてご主人さんは思い切って、大阪から遠く離れた大阪府○○市の○という場所の小高い丘の旧造成地に家を建てることを決断したのでした。

土地面積は200坪、価格は6000万円でした。南側はとても良い景色で大阪湾も見えます。

私が定期点検でそのお宅にお邪魔した際に
「ここの住み心地はどうですか?」
と訪ねると
「風がとても強い日があるんです」
と教えてくださいました。
今までお住まいだった所からだいぶ離れてしまったこともあり、大阪市内のお勤め先まで通勤に片道1時間20分程掛かるようになったそうです。しかも朝の通勤電車では座れる日は無いそうです。正直、大変だなと思いましたが、ご主人曰く
「それでもとても満足しています」
とおしゃっていました。
このお客様のように現状を把握し、思い切って考え方を切り替えられる方は良いのですが、弊社と一緒に土地探しをするお客様のほとんどの方に共通しているのが、今自分が住んでいる地域、もしくは実家の近くで土地勘のある地域でという条件で土地を探そうとします。
その気持ちはじゅうぶんに理解できるのですが、土地探しの際にこのように地域を限定

してしまうと、なかなか土地が見つかりません。もし土地が見つかっても、予算に合わないケースがとても多いのです。

心を鬼にして率直に申し上げます。

〝土地勘がある地域に限定して土地を探すのはやめてください〟

それよりも「土地勘のある地域という意味ではなく、どんなところに住みたいのか、なぜそこに住みたいのか」そこにこそ注目して欲しいのです。

必ず理由があるはずです。その理由を満足することのできる土地であれば、地域を限定する必要が本当にあるのでしょうか？　昔から「住めば都」という言葉があるくらい、今まで自分の知らなかった地域でも、住みたいと思うその理由をじゅうぶんに満たすことができる土地であればきっと気に入るはずです。

これまでのお客様の実例をお伝えすると、最初に地域を限定されていたお客様であっても、最終的にはその約5割の方は、当初限定していた地域以外の場所で土地を見つけてお家を建てられているのです。

先程のお客様と同じように、住まわれてからしばらく経ったのちに定期点検でお邪魔し

た際に
「ここの住み心地はどうですか？」

と尋ねると、１００％の確率で返ってくる答えは
「とても住みやすい街です。ここを選んでよかったと思っています」

という答えなのです。

これは信じられないかもしれませんが、今まで誰一人例外はありません。

ですから、はなから地域を限定して土地探しをするのはやめましょう。

地域を限定すればするほどあなたの土地探しの選択肢は狭まり、困難になってくるからです。なぜなら宅地に適した土地の売り出し物件の出現率は決まってるからなのです。逆に地域を限定せず、その範囲を広げれば広げるほど選択肢は多くなり、ご要望に叶う土地は見つかりやすくなってくるのです。

住宅ローンの事前審査に関する実例

家づくりを成功させるには、正しい手順で進めていくことが大切な要因となることはこれまでご説明した通りです。ここでは、住宅ローンの事前審査における実例をご紹介させていただきます。

住宅ローンの事前審査は、土地探しを始める前に必ず行っておくよう強くお勧めします。土地探しには思いのほか時間が掛かるということは既にお伝えした通りですが、かつてこんなお客様がいらっしゃいましたという実例をご紹介します。

この方は、土地探しを始めてから1年半もかかって、ようやくご要望を満たす土地に巡り会い、「この土地に決めた!」と決定し、土地契約を済ませ、住宅ローンの本審査に出したところ審査に通らなかったのです。

誰もが知っているような会社にお勤めで、自己資金もそこそこお持ちの方です。それなのに住宅ローンの本審査が通らない……正直、私は訳がわからない状態でした。通常、ローンの事前審査も本審査もそうですが、「減額」あるいは「不可」という結果についてその理由は教えてもらえません。

それでも、この方の審査結果に納得がいかなかったため、いろいろな手を打ってようやく「不可」という審査結果の理由を教えてもらうことができました。

実は、このご主人がいわゆる「ブラック」と呼ばれる人だったのです。信用情報機関で「ブラック」と呼ばれる人は、過去のローン返済で延滞が一度や二度ではなく、悪質と判断された方です。そのため、「ブラック」と判断され人は通常5年間は住宅ローンの審査は通らず、住宅ローンでの借り入れはできません。

これは余談ですが、自己破産をされると、その方は一生住宅ローンを借りることができないそうです。

話を元に戻しますが、そのご主人は独身時代にいわゆるサラ金からお金を借りて遊びに行った経験がありました。ご自身は既に完済したつもりだったようですが、実はほんの少しですが返済が残っていたようです。このことを本人が忘れていたため、本来行うべき返済がずっと延滞状態にあったのです。

審査が通らなかった理由がハッキリしたので、そのことをご夫婦にお伝えしました。

あなたは「般若の面」を見たことがありますか？　般若（はんにゃ）の面、あるいは単に般若とは「嫉妬や恨みの篭る女の顔」であり、または鬼女の能面のことです。

そんな女性の顔はたとえ話やお面のことで、この世の中には実際にはないと思っていましたが、私は確かにこの目で見ました。審査が通らなかった理由をご夫婦に説明したところ、奥さんの顔がみるみるうちに「般若の面」に変わったのです。

その後、幸いにも弊社で1ヶ月半をかけて様々な金融機関を奔走したところ、通常金利よりも0.5%ほど金利が高いものの、借り入れを受け付けてくれる銀行を見つけることができました。ご主人の過去の出来事については、詳しい事情を説明し、現在は何も問題ないと言うことを考慮してもらえたため受け付けてもらうことができました。

それにしても、借り入れを受け付けてくれる銀行が見つかるまでの1ヶ月半……ご主人はご家庭でどんな扱いを受けていたのかを考えると、今でもぞっとします。

金額の大きい、小さいにかかわらず、過去のローンでも返済が滞ってしまっているところのような予想だにし得ない結果になってしまうのです。

こんなことにならないためにもまずは、土地探しを始める前に事前審査を行っておくべきです。もし、審査結果が「減額」にでもなれば、家づくりの予算計画を最初から見直す必要が出てくるのです。

「うわあ〜、困った……」こんな実例

ここでは、これまでの実例とは少し傾向の変わった実例をご紹介させていただきます。これは建売住宅を買ったある奥様に起こった「うわぁ〜、困った」のリアルな声です。

◆◆◆◆◆◆◆◆◆◆◆◆◆◆◆◆◆◆◆◆

おそらく注文住宅であればこんなことはないと思うのですが、既に間取りや設備が決められている建売住宅を買ってしまったので実際に住み始めてからの使い勝手がイマイチなのは否めません。（もちろん、全ての建売住宅がそうであるとは言いませんが……）

家を買う時点では家づくりに対して何の知識もなく、それらについて身につける時間もなかったのですが、生活していく時間の経過とともにいろいろな細かい部分に気が付いてくるんですよね。

例えば、我が家は各部屋にクローゼットが備え付けられているのですが、どういうわけかその扉が小さくて、全開にしても壁側や天井側にデッドスペースができてしまうのです。このデッドスペースが物を仕舞いにくいし、取り出しづらい。つまり、非常に使いにくい

クローゼットなんです。物を出したり、片付けたりするたびにこれまで何度「壁を削ってしまいたい～!!」と思ったことかわかりません。これなら作り付けのクローゼットではなく「家具で揃えたほうがよかったな～」なんて思ってしまうわけです。

あるいは、家事をする立場から言えば「各部屋への収納ではなく、衣類をまとめておけるファミリークローゼットの方が便利だろうな」とも感じるのです。

収納の話で言えば、掃除機や紙おむつなど、目に付く所には出しておきたくないけど使う時にはすぐに取り出して使いたいし、使い終わったらすぐ仕舞えるような扉をパタンと閉めるだけでスッキリと収納できるスペースがあればとても便利だろうなと思います。

そして意外と見落としがちなのが外回り。ベビーカーやゴルフバッグ、スキーやスノーボードの道具類、車の洗車用品や自転車の空気入れなどは外から収納できるスペースが必要です。使用頻度もさることながらかさばる物が多く部屋への出し入れも大変です。ちなみに我が家には物置を設置するスペースはありません。結局どうしたかと言えば、一部屋をつぶし納戸のような物置部屋にしてしまっています。しかし、今はまだ小さいからいいですが、いずれ子供が大きくなってくれば子供部屋として活用しなくてはならず、先のことを考えると困ってしまいます。部屋があるのにインテリアどころではなく、今は納戸のように物で溢れ、子供が大きくなれば子供部屋として使いたいのですが……。

今はこんな風に言っていますが、建売住宅の我が家だってモデルハウスで見た時はとても素敵な家だったのですが……。実際に住み始めるとわかるのですが、思っていた以上に物が多すぎるんですよね。

また、小さい子供（1歳1か月のヤンチャ坊主）がいるわが家では、子供が簡単に開けられない家具が必要です。そのため、今まで持っていたオープンな収納ができる家具達は見事に使えなくなりました。おかげでリビングはガラ～ンとしたままの状態です。

この状態を何とかしなくてはと思うものの、どこから手を付けたらいいのか……、何を買ったらいいのか……がわからず、1歳児の世話に追われてゆっくり考える時間もない状態のまま毎日が過ぎていっています。

◆◆◆◆◆◆◆◆◆◆◆◆◆◆◆◆◆◆◆

いかがでしたか？　これは建売住宅を買われた方のリアルな声です。
建売や注文住宅を問わず、あなたがこれから始める家づくりのヒントとなることがたくさんありました。もちろん、部屋やリビングを広く、大きくするというのも重要なことかもしれません。しかし、より現実的な生活スペースとして考えるなら、収納の使い方や質というものを検討することがいかに重要なことなのかをおわかりいただけるリアルな声だと思います。

家を建て、そこで暮らしていくのはあなたやご家族なのですから是非家づくりの検討材料としてこの声をじゅうぶんに活かしていただきたいと思います。

そしてここで重要になってくるのがご家族での話し合いなのです。ご家族が幸せに暮らすための家づくりなのですから、しっかりと話し合いを繰り返しそれぞれのご要望が叶うように、相互利益をもたらす案を探していきましょう。ご家族それぞれ人格ごとに価値観も違います。ですから、それぞれの考えやご要望を存分に出し合っていきましょう。

コミュニケーションのうまくいくご夫婦、ご家族の家というのは例外なくとても良い家になっていくのです。

コラム バロメーター

もうそろそろ帰ろうかと水深の浅い岸辺で波に乗ろうとしたところ、波が上から下へと一気にくずれ海底で左顔面を強打。「死ぬ～」と思いました。なんとか岸に上がったところ、両腕の皮膚の表面にピリピリとした痛みが走ります。三重県立病院の救急で診断を受けたところ、中心性脊髄損傷との診断。痛みは治まるまで待つしかないと説明されました。脳には損傷がなさそうだと当初、頭部のCTは撮らなかったのですが、長男が念のためと、医者にお願いし撮ってもらったところ、なんと眼底骨折も…

2019年3月には62歳になった私です。このエピソードは3年前の夏、初めてサーフィンに行った時の話です。60歳を目前に、かねてより始めたかったサーフィンをしに長男を誘って二人で三重県の国府海岸に行きました。（後で考えると、長男と一緒に行ってて、ほんまに良かったです）

朝、大阪を出発し、昼過ぎには現地に到着。宿泊予定の旅館のすぐ前の海岸でサーフィンを始めました。その日の夕方、先ほどの事故が起こりました。「なんとか岸に上がったところ」と言いましたが、しばらく起き上がれずに海中でじっとしていた私は、長男に抱きかかえられてやっと海から岸へ戻ったのが実情です。（もしこの時自分一人だったら……と思うとゾッとします）

「なんでそんな年齢でサーフィンなんか始めるの?」と思われる方もおられると思いますのでその

訳をお話しますね。話は30年ほど前に遡ります。29歳で結婚した私は妻とハワイのマウイ島に新婚旅行に行きました。ラハイナという小さな港町で、老人が夕日を背に緩やかな波でサーフィンをしているのを見て「私も老人になってこんなシチュエーションでサーフィンをするんだ」と決意しました。

しかしながら、若い時分にサーフィンをすることはなく、このままではその夢は叶えられないと思い、59歳の夏に初めてサーフィンにチャレンジしたというわけです。今も続けていますが、サーフィンって本当に難しいスポーツです。パドリングといってボードに腹ばいになって手で漕ぐ体力や、腹ばいの姿勢からボードに立ち上がる瞬発力も必要です。お腹が出てるなんて論外です。（おなかが出ている私は引っ込めるために、大金を費やしてライザップにも通いました。やっと腹筋が見え始めた頃、目の中の毛細血管が破れ出血、ドクターストップがかり、結局元の木阿弥）

それでも、今もサーフィンは続けています。サーフィンができることが私にとって健康のバロメーターになっているからです。

60歳を過ぎると実際体のあちこちに不具合が生じてきます。白内障の手術を受けてみたり、肩の上部に水やカルシュウムが溜まったり、歯がグラグラしてきたり散々です。これをお読みのあなたも、将来同じ経験をする可能性が高いのではないでしょうか？（笑）

人生も家づくりも目標を定めて「長期的な視点」で考え、かつ健康でいることが大事だと心から思います。

あなたの「家づくりのバロメーター」は何ですか？

一度ゆっくり考えてみてはいかがでしょうか。

おわりに

最後までお読みいただきましてありがとうございます。専門用語がたくさん出てきたのでお疲れになったのではないでしょうか。他の本や雑誌には載っていない情報をこの本ではじめて知ったということも随所にあったと思います。どんな業界でも業界内の人間だけが知っている事実が存在します。今回、この本を通じてあなたにお伝えした内容はほとんどの建築業界人なら知っていることです。(但し、きちんと勉強していればの話ですが……)ただそれらの事実を業界人からあなたに積極的にお伝えすることはほぼないでしょう。なぜなら、これらの事実に対処した工事をすると見積額が高くなるため、受注できないと何にもならないのでこれらの事実をできるだけ伏せたいのです。

本来であれば、イニシャルコストが多少高くなってもこれらの事実に対処した家づくりをする方が、長期的に考えればはるかにお得なのです。耐久年数だけを

おわりに

取り上げてみても、一般住宅は25年から35年、この本でご紹介した事実に対処した工事をした家の場合、なんと75年から90年も耐久年数が伸びます。これだけでも私がお勧める家づくりのノウハウを生かしてマイホームを建てられる方がお得であることは言うまでもありません。それ以外にも、光熱費やメンテナンスコストにも大きな差が出てきます。

この本を執筆するにあたり、跡を継ぐ事が決まっている長男晃啓、次男祐規にも並々ならぬ協力をしてもらいました。二人以外にもGハウスの社員、協力業者さん、そして出版社の皆さんのご協力なしにこの本は完成できなかったと思います。

最後にこの本を手にとっていただいた貴方の家づくりが満足できるものになる事を心からお祈り申し上げます。

２０１９年 ８月 吉日

池田 泰弘

エル書房のブック・ポリシー

この本の著者は、プロの作家さんではありません。

私たちが選んだ、業界のプロです。

エル書房は、たくさんの情報の中に埋もれてしまっている
本当に価値ある情報“だけ”を本にして
あなたに伝えるために立ち上がった出版社です。

“これは！”と思ったプロの確かな情報が、
わかりやすく、あなたにちゃんと伝わるように、
誠心誠意をこめて言葉を紡ぎました。

著者と二人三脚でつくったこの本には、
自身の経験と知識と情熱で「あなたの人生をもっと良くしたい」
という“強い想い”が込められています。

ひとつの道を極めた著者が発した、魂からの言葉たちで、
あなたが励まされたり、ためになったり、涙がでてきたり……。

そんなふうに、この一冊が
すこしでもあなたのお役に立つことができたらうれしいです。

エル書房　代表取締役　網倉 博

【著者プロフィール】

池田　泰弘
（いけだ　やすひろ）

株式会社Gハウス 代表取締役会長

一般社団法人
良質不動産推進協会　代表理事

「家づくり右も左もわからへん」
著者（エル書房刊）

一級建築士、不動産コンサルティングマスター（相続対策専門士）
JTI認定ハウジング（住生活）プランナー／一般耐震技術認定者
省エネ建築診断士／土地家屋調査士試験合格者（未登録）

1957年3月25日生まれ。大阪工業大学夜間部卒業
1989年　先代死去に伴い代表取締役に就任
　　　　同年大手不動産フランチャイズに加盟（10年間在籍）
1996年　阪神淡路大震災の翌年2×4工法による住宅建築開始
2019年　代表取締役会長就任
現在、無料家づくりセミナー、建物＆資金計画勉強会で講師としても活躍中。

マスコミ登場歴
・ＮＨＫ総合テレビ「おはよう関西」元気な中小企業に出演
・KISS FM89.9に2回出演　・ラジオ関西558kHzに出演
・ビジネス誌「月刊マネジメント」に掲載
・（大阪産業創造館）広報誌に掲載
・インターネットテレビ「あっ！とおどろく放送局」の
　生放送「輝く人たち」に出演

家族思いの納得住宅研究所　株式会社 G ハウス
所　在　地：〒535-0022
　　　　　　大阪府旭区新森2丁目23－12
0120-88-3421
ＦＡＸ番号：06－6954－0649
メールアドレス：hm@g-house.osaka.jp
ホームページ：https://g-house.osaka.jp/

大阪で家を建てるなら
家の性能が家族の「命」「健康」「財産」を守る

発　行	2019年11月16日　初版第一刷
著　者	池田　泰弘
発行人	網　倉　　博
編集人	青　木　　傑
発行所	株式会社 エル書房 〒107-0051　東京都港区元赤坂1-2-17 AKASAKA K-TOWER 27F 編集部&営業部　(TEL) 03-6804-3228
発売元	株式会社 星雲社 〒112-0005　東京都文京区水道1丁目3-30 電話 03-3868-3275　FAX 03-3868-6588

Printed in JAPAN　ISBN978-4-434-26779-6